動物園♥赤ちゃん誕生物語

東武動物公園・監修
粟生こずえ・著

集英社みらい文庫

飼育員《しいくいん》さん紹介《しょうかい》

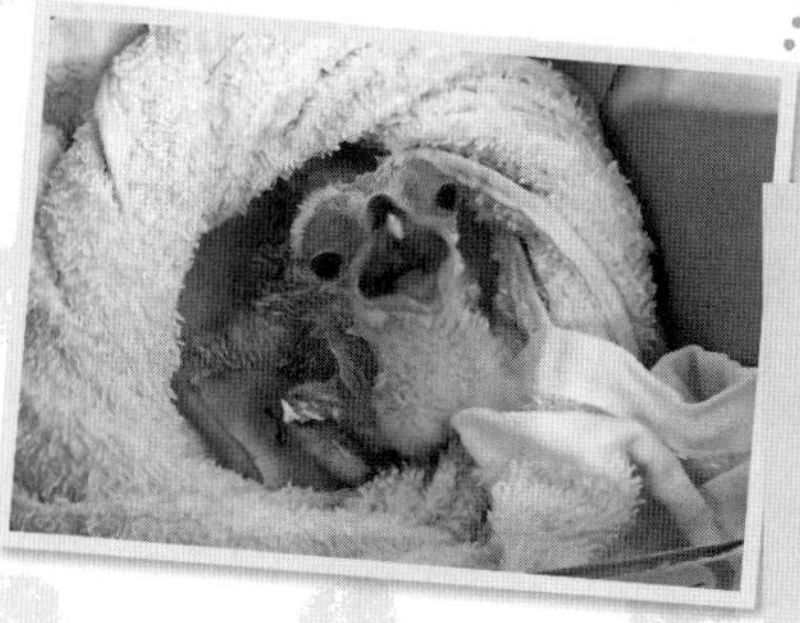

パックンチョ♂

飼育員《しいくいん》 光山《こうやま》さん

とっても心配性《しんぱいしょう》。ヘビクイワシのパックンチョとは大《だい》の仲《なか》よし♪

ミュウ♀

飼育員《しいくいん》 山田《やまだ》さん

ペンギンの担当《たんとう》を10年《ねん》以《い》上経験《じょうけいけん》。ペンギンのことならなんでも知《し》っています！

もくじ＆《アンド》動物《どうぶつ》・

スカイ♂
アクア♂
アース♂
サン♀

飼育員《しいくいん》　板倉《いたくら》さん

ホワイトタイガー大《だい》好《す》き！　二度《ど》も赤《あか》ちゃん誕生《たんじょう》を経験《けいけん》しています。

ヒコボシ♂

飼育員《しいくいん》　松村《まつむら》さん

いろいろな動物《どうぶつ》の担《たん》当経験者《とうけいけんしゃ》。マレーバクのヒコボシはなかでも特別《とくべつ》な存在《そんざい》！

第《だい》1章《しょう》 ホワイトタイガー

インドにいるベンガルトラの白変種《はくへんしゅ》。
日本《にほん》には30頭《とう》くらいしかいない貴重《きちょう》なトラです。

飼育員《しいくいん》

板倉博己《いたくらひろき》さん 飼育員歴《しいくいんれき》8年《ねん》

主《おも》な担当動物《たんとうどうぶつ》
ホワイトタイガー、ヒグマ、レッサーパンダなど
ホワイトタイガー飼育歴《しいくれき》7年《ねん》

1 ホワイトタイガーのおよめさんがやってきた

「板倉《いたくら》くん。ロッキーにおよめさんをもらう話《はなし》、決《き》まったからね」

「えっ、本当《ほんとう》ですか!?」

ぼくは思《おも》わず大《おお》きな声《こえ》を出《だ》していました。

「せっかくホワイトタイガーがいるんだから、赤《あか》ちゃんを育《そだ》ててみたいよね」

そんな話《はなし》はずいぶん前《まえ》から出《で》ていました。

うちの東武動物公園《とうぶどうぶつこうえん》には、真《ま》っ白《しろ》な毛並《けな》みのホワイトタイガーのきょうだいがいました。

お兄《にい》ちゃんのロッキーと、妹《いもうと》のメープルです。

ホワイトタイガーは世界《せかい》でも数《かず》が少《すく》なく、３５０頭《とう》くらいしかいないと言《い》われます。

珍《めずら》しい動物《どうぶつ》を飼育《しいく》している以上《いじょう》、子《こ》どもを増《ふ》やす挑戦《ちょうせん》は積極的《せっきょくてき》にするべきでしょう。

群馬県《ぐんまけん》の群馬《ぐんま》サファリパークと相談《そうだん》をした結果《けっか》、メープルと交換《こうかん》で、メスのホワイトタイガーをむかえる話《はなし》がまとまったのです。

そしてロッキーのおよめさん候補《こうほ》としてやってきたのがカーラでした。

「カーラは出産《しゅっさん》をして、２頭《とう》の子《こ》どもを育《そだ》てた経験《けいけん》があるんだよね」

「これは期待《きたい》できるなぁ、絶対《ぜったい》に繁殖《はんしょく》を成功《せいこう》させよう！」

ぼくたちはワクワクしていました。

このとき、ぼくは飼育員《しいくいん》になってようやく1年《ねん》のまだ新米《しんまい》。念願《ねんがん》のホワイトタイガーの担当《たんとう》になれたばかりか、さっそくこんなチャンスがめぐってきて有頂天《うちょうてん》でした。

そう、このころは……2頭《とう》が仲《なか》よくなるのにあんなに時間《じかん》がかかるなんて思《おも》っていなかったのです。

「カーラは警戒心《けいかいしん》が強《つよ》い性格《せいかく》だからね、苦労《くろう》すると思《おも》うよ」

群馬《ぐんま》サファリパークの担当者《たんとうしゃ》にはあらかじめそう言《い》われていましたが、それは想像以上《そうぞういじょう》でした。

当初《とうしょ》、カーラは、自分《じぶん》の部屋《へや》にとじこもったきり外《そと》へ出《で》ようとしませんでした。

そこで、2頭《とう》をいっしょの飼育部屋《しいくべや》にすまわせてみましたが、カーラはロッキーと仲《なか》よくする気《き》はなさそうです。

ロッキーのほうは、初《はじ》めて会《あ》うカーラにとまどっています。人工哺育《じんこうほいく》で育《そだ》ったこともあってか、ロッキーはメスに対《たい》する本能的《ほんのうてき》なコミュニケーション能力《のうりょく》が欠《か》けているようです。

あきらかに、どう接《せっ》していいかこまっているのがわかります。

お客《きゃく》さんへの展示《てんじ》のため、2頭《とう》は交代《こうたい》で運動場《うんどうじょう》へ出《で》ています。運動場《うんどうじょう》が好《す》きなカーラは、一度出《どで》てしまうと、なかなか飼育部屋《しいくべや》に帰《かえ》ってこない始末《しまつ》。夜《よる》になっても運動場《うんどうじょう》に出《で》たきりで、一晩中部屋《ひとばんじゅうへや》にもどらないこともありました。

「こまったなぁ……」

カーラが部屋《へや》にもどらないと気《き》が気《き》ではなく、ぼくも園《えん》に泊《と》まって、夜中《よなか》にときどき運動場《うんどうじょう》のようすを見《み》に行《い》ったものです。

はじめの3か月間《げっかん》は、ずいぶん園《えん》に泊《と》まりこむことになりました。

部屋《へや》にもどすために、ホースで身体《からだ》に水《みず》をかけるなどして、うながすこともできますが、これはあまりいい方法《ほうほう》とはいえません。したくないことを無理《むり》にさせる飼育員《しいくいん》が、動物《どうぶつ》に好《す》かれるはずがありません。

そこで、ぼくはハッと気《き》づいたのです。

「そうか、ロッキーと仲《なか》よくさせる前《まえ》に、まずぼくがカーラに信頼《しんらい》されなくちゃ」


ぼくは、作戦《さくせん》を考《かんが》えました。

カーラの機嫌《きげん》がいいときにそばにいるようにしたらどうだろう？　幸《しあわ》せな時間《じかん》をすごしているときにいっしょにいれば、ぼくのことも好《す》きになってくれるんじゃないかな。

トラがうれしいときといえば、もちろんごはんの時間《じかん》に決《き》まっています。

ぼくは、カーラがごはんを食《た》べているときはそばにいるようにしました。

それから毎朝《まいあさ》、舎内《しゃない》に入《はい》るときは必《かなら》ずカーラの顔《かお》を見《み》て声《こえ》をかけるようにしました。

自分《じぶん》の顔《かお》と声《こえ》をしっかり覚《おぼ》えてもらうためです。

毎日《まいにち》くり返《かえ》しているうちに、効果《こうか》があらわれました。

「カーラ」

と呼《よ》べば、返事《へんじ》をしてくれるようになりました。

こっちをふり向《む》いてくれることもありました。

さあ、いよいよ信頼関係《しんらいかんけい》はできました。

これでぼくの言《い》うことを聞《き》いて、ロッキーにも心《こころ》を開《ひら》いてくれるんじゃないか。

ところが、それでもカーラのロッキーに対《たい》する態度《たいど》はかわらなかったのです。


「板倉《いたくら》くん、ロッキーとカーラはどうなんだい？」

「いえ、それがまだ全然《ぜんぜん》……」

ホワイトタイガーの赤《あか》ちゃんを期待《きたい》している同僚《どうりょう》たちに聞《き》かれるたびに、ぼくはこまりはてていました。

うちの園《えん》では、ホワイトタイガーはもちろん、トラやライオンの繁殖例《はんしょくれい》もなく、ぼくたちは大《おお》きなかべにぶつかっていました。

警戒心《けいかいしん》が強《つよ》いカーラとおっとりしたロッキー

「板倉《いたくら》くん、きみのところはツシマヤマネコは飼育《しいく》してなかったっけ？」

その日《ひ》、ぼくはほかの動物園《どうぶつえん》につとめるベテラン飼育員《しいくいん》の方《かた》と会《あ》っていました。

毎日《まいにち》ロッキーとカーラのことで頭《あたま》がいっぱいで……少《すこ》し気分転換《きぶんてんかん》がしたかったのです。

「ええ、いませんけど」

その方《かた》が言《い》うには、今《いま》、日本全国《にほんぜんこく》の動物園《どうぶつえん》でツシマヤマネコの繁殖《はんしょく》が進《すす》んでいないことが、ひとつの課題《かだい》になっているということでした。

「繁殖《はんしょく》させるにはコツがあってね。メスの縄張《なわば》りにオスを入《い》れてやればいいんだよ」

えっ、それって……。

ドキンと胸《むね》が高鳴《たかな》りました。

「オスとメスを同《おな》じ部屋《へや》ですまわせるんじゃないんですか？」

「違《ちが》うよ、飼育部屋《しいくべや》は別々《べつべつ》さ。交尾《こうび》をしたら、オスはまた自分《じぶん》の部屋《へや》にもどっていくんだ」

それだ！　そういうことだったのか……！

早《はや》くためしてみたくて、うずうずしてきます。

仲《なか》よくさせようと、せまい部屋《へや》にむりやりいっしょにしたのがよくなかったんだ。

カーラは運動場《うんどうじょう》にいるのが好《す》きだから、そこをカーラの部屋《へや》に見立《みた》てよう。

別々《べつべつ》に運動場《うんどうじょう》に出《だ》さずに、カーラが出《で》ている時間《じかん》に、ロッキーも出《だ》せばいいんじゃないか。

お気《き》に入《い》りの場所《ばしょ》でなら、カーラの態度《たいど》もやわらぐかもしれない。


この方法《ほうほう》は、大当《おおあ》たりでした。

カーラとロッキーはしだいに仲《なか》よくなり……カーラはほどなく妊娠《にんしん》したのです。


カーラをむかえて2年《ねん》ほど経《た》った、2013年《ねん》の3月《がつ》。

「もうすぐだね」

園内《えんない》でぼくの顔《かお》を見《み》ると、みんながそう言《い》うようになってきました。

トラの妊娠期間《にんしんきかん》は、90～100日《にち》くらい。

指《ゆび》おり数《かぞ》えて待《ま》っていたカーラの出産予定日《しゅっさんよていび》が、いよいよせまってきたのです。

出産《しゅっさん》が近《ちか》づくと、母親《ははおや》は神経質《しんけいしつ》になります。

それでなくてもカーラは警戒心《けいかいしん》が強《つよ》いほうです。

「担当《たんとう》の飼育員《しいくいん》以外《いがい》は近《ちか》づかないこと、見慣《みな》れていない顔《かお》は見《み》せないように」

と、園内《えんない》のスタッフに伝《つた》えていました。

ふだんカーラに接《せっ》しているぼくたちは、なるべくふつうにすること。

こっちがソワソワすると、カーラもびんかんに感《かん》じとってしまうからです。

「カーラにかわったところはないかな」

そう思《おも》っても顔《かお》に出《だ》さないように、カーラをじろじろ見《み》たりしないように……。

出産《しゅっさん》が近《ちか》づいてからは、つとめていつも通《どお》りにふるまう日々《ひび》が続《つづ》きました。

2 生《う》まれた赤《あか》ちゃんはなんと4頭《とう》！

その日《ひ》は土曜日《どようび》でお客《きゃく》さんも多《おお》く、朝《あさ》からバタバタしていました。

ホワイトタイガーがおやつを食《た》べるところを見《み》てもらう人気《にんき》イベントを終《お》えて、ぼくが事務所《じむしょ》にもどってきたとき、獣医《じゅうい》さんがかけこんできました。

「カーラ、ようすがおかしいよ」

「本当《ほんとう》ですか？　さっきまではかわったところはなかったんですが……」

急《いそ》いでまたホワイトタイガー舎《しゃ》にかけつけると……。

カーラは部屋《へや》のとびらの前《まえ》でうずくまり、しきりに身体《からだ》をペロペロなめています。

いつもは運動場《うんどうじょう》のガラスの前《まえ》まで来《き》て、お客《きゃく》さんによく姿《すがた》を見《み》せてくれるのに。

呼吸《こきゅう》も速《はや》く、重《おも》たい感《かん》じです。

『部屋《へや》に帰《かえ》って、ひとりになりたい』

と思《おも》っているのがたしかに感《かん》じられます。

これは、いよいよだ！

お客《きゃく》さんに事情《じじょう》を説明《せつめい》して、急《きゅう》きょカーラを運動場《うんどうじょう》から部屋《へや》に入《い》れることにしました。

「そうだったんですか、がんばってください！」

お客《きゃく》さんたちは驚《おどろ》きながらも、はげましの言葉《ことば》をかけてくれました。

12時《じ》から会議《かいぎ》に参加《さんか》するのですが、お産《さん》が気《き》になって仕方《しかた》ありません。出産中《しゅっさんちゅう》のトラには近《ちか》づけないので、カーラの部屋《へや》にはあらかじめビデオカメラを設置《せっち》し、事務所《じむしょ》のモニターで見《み》られるようにしてあります。

2時間《じかん》ほどで会議《かいぎ》が終《お》わると、みんな急《いそ》いでモニターの前《まえ》につめかけました。

「あっ、もう生《う》まれてるぞ！」

よく見《み》ると……カーラのおなかの下《した》あたりに、白《しろ》くて丸《まる》いものがもぞもぞ動《うご》いています。

「生《う》まれた、生《う》まれた！」

思《おも》わず大声《おおごえ》でさけんでいました。

「やった!」

「よかったねぇ!」

みんなの間《あいだ》からはく手《しゅ》がわきあがります。

今《いま》のところ1頭《とう》だけど……何頭《なんとう》生《う》まれるんだろう。

結局《けっきょく》、それから2時間《じかん》ほどかけて、カーラは全部《ぜんぶ》で4頭《とう》の子《こ》どもを生《う》みました。

4頭《とう》も生《う》まれてくれた!

大《おお》きな喜《よろこ》びの中《なか》で、ぼくは気《き》を引《ひ》きしめ直《なお》していました。

いや、ここからが始《はじ》まりなんだ。

生《う》まれてきてくれた赤《あか》ちゃんたちが無事《ぶじ》に育《そだ》つかどうかは、まだわからないのだから。


いつも通《どお》り、午後《ごご》5時半《じはん》には運動場《うんどうじょう》にいたロッキーを部屋《へや》に入《い》れに行《い》きました。

「ロッキー、さっきおまえの子《こ》どもたちが生《う》まれたんだよ!」

と言《い》っても、ロッキーには伝《つた》わらないのですが……。

お父《とう》さんトラは出産《しゅっさん》を気《き》にしません。

子育《こそだ》てはお母《かあ》さんだけが行《おこな》います。

これは、野生《やせい》のトラも同《おな》じです。

オスのトラにとって、自分以外《じぶんいがい》のオスはどんなに小《ちい》さくても「敵《てき》」。もし、お父《とう》さんとオスの赤《あか》ちゃんをいっしょにすれば、すぐに食《た》べてしまう。

それが野生《やせい》の本能《ほんのう》なのです。


さて、カーラの部屋《へや》の前《まえ》までやってくると、中《なか》をのぞきたくなりますが……もうちょっと、我慢我慢《がまんがまん》。

3日間《かかん》は、カーラと赤《あか》ちゃんに近《ちか》づいてはいけません。

お母《かあ》さんの気《き》が立《た》って、子《こ》どもを食《た》べてしまう可能性《かのうせい》があるからです。

トラの出産《しゅっさん》を経験《けいけん》した動物園《どうぶつえん》の方《かた》に聞《き》いたところによると、お母《かあ》さんは3日間《かかん》はごはんを食《た》べたがらないそうです。

3日間《かかん》食《た》べなくてもおっぱいが出《で》るような身体《からだ》づくりをするため、カーラの栄養管理《えいようかんり》には気《き》をつけてきたつもりです。

でも、自分《じぶん》のやり方《かた》が合《あ》っているのか……いつも不安《ふあん》がつきまといます。

いろんな方《かた》に、赤《あか》ちゃんとお母《かあ》さんのケアについてアドバイスをいただきました。知識《ちしき》や情報《じょうほう》を集《あつ》めるのは大切《たいせつ》です。

でも、それを自分《じぶん》の中《なか》で整理《せいり》して、自分《じぶん》なりの方針《ほうしん》を作《つく》らなくちゃ。

いろいろ考《かんが》えた結果《けっか》、ひとつ決《き》めたルールは、「自分《じぶん》はお母《かあ》さんの体調管理《たいちょうかんり》を最優先《さいゆうせん》にする」ということ。

赤《あか》ちゃんにおっぱいをあげ、育《そだ》てるのはお母《かあ》さんのカーラです。カーラの体調《たいちょう》が悪《わる》くなったら、赤《あか》ちゃんの成長《せいちょう》にも影響《えいきょう》が出《で》ます。

お母《かあ》さんの元気《げんき》がなくなれば、子育《こそだ》て放棄《ほうき》や子《こ》どもを食《た》べてしまうことがあるのです。

赤《あか》ちゃんの成長《せいちょう》を事細《ことこま》かに判断《はんだん》するのは獣医《じゅうい》さんに任《まか》せて、ぼくはお母《かあ》さんをしっかりサポートする。

よし、これでいこう！

ぼくは、ふうっと大《おお》きく息《いき》をはいて、情報《じょうほう》を書《か》きためたノートをとじました。

生後《せいご》4日目《かめ》。

赤《あか》ちゃんが生《う》まれてから初《はじ》めて、カーラの部屋《へや》に入《はい》る日《ひ》がやってきました。

「おはよう、カーラ」

ぼくは、つとめてふつうに部屋《へや》のとびらを開《あ》けました。

カーラにお肉《にく》を出《だ》してやると……。

最初《さいしょ》は食《た》べるそぶりを見《み》せなかったけれど、ちょっと間《あいだ》を置《お》いて食《た》べはじめました。

よし、今《いま》がチャンス！

カーラが下《した》を向《む》いて食《た》べているすきに、そのおなかの下《した》あたりにかたまっている子《こ》どもたちをチラッと見《み》ます。

1、2、3、4……。

ああ、本当《ほんとう》に4頭《とう》いる！

まだ目《め》が開《ひら》いてない子《こ》もいる……それともねむっているのかな？

おっと、見《み》すぎるとカーラが気《き》にするかもしれない。

なにしろ直接見《ちょくせつみ》るのは初《はじ》めてなので、新《あら》たな感動《かんどう》と興奮《こうふん》がわきあがってきますが……そ

4頭《とう》の赤《あか》ちゃんとカーラ。下《した》の写真《しゃしん》は
あくびをするようす

んな気持《きも》ちを押《お》しかくしながら、ぼくは部屋《へや》をあとにしたのでした。

日《ひ》が経《た》つにつれ、カーラは落《お》ち着《つ》いて、ピリピリした雰囲気《ふんいき》がなくなってきました。

そのタイミングを見《み》はからって、獣医《じゅうい》さんといっしょにカーラの部屋《へや》に入《はい》ったのは生後《せいご》1週間目《しゅうかんめ》のこと。

カーラは意外《いがい》とケロリとしたようすです。

『あとはよろしくね』

とでも言《い》うように、さっとどいて、赤《あか》ちゃんを見《み》せてくれました。

「よかった、じゃあ今《いま》のうちに」

小声《こごえ》で獣医《じゅうい》さんとささやき合《あ》って……短時間《たんじかん》でやるべきことをすませなければなりません。

獣医《じゅうい》さんは赤《あか》ちゃんの身体《からだ》を触《さわ》って調《しら》べます。

おっぱいはちゃんとおなかに入《はい》っているか。
骨《ほね》に異常《いじょう》がないか。
そして、目《め》は見《み》えているかをチェック。
ぼくはその間《あいだ》に1頭《とう》ずつ抱《だ》きあげて、体重《たいじゅう》をはかります。
うわぁ、フワフワだ。かわいいなぁ！
今《いま》では4頭《とう》とも、ぱっちりと目《め》を開《あ》けてこっちを見《み》ています。
ネコ科《か》の動物《どうぶつ》なので、生《う》まれたてのころはネコの赤《あか》ちゃんみたい。
ミャー、ミャーと鳴《な》く声《こえ》も！
まだ歯《は》は生《は》えていないし、耳《みみ》も寝《ね》ています。
ぼくはこっそりカメラを取《と》り出《だ》しました。
赤《あか》ちゃんの写真《しゃしん》を初《はじ》めてとったのはこの日《ひ》です。
ふだんは持《も》っていないカメラを持《も》ちこむと、カーラに警戒心《けいかいしん》をいだかせてしまうので、
これまでは遠慮《えんりょ》していたのです。

そうそう、赤《あか》ちゃんたちはオスが3頭、メスが1頭《とう》でした。

長男《ちょうなん》のスカイはどうやら好奇心《こうきしん》が旺盛《おうせい》。まだ歩《ある》くことはできませんが、しきりにモゾモゾはい回《まわ》っています。

次男《じなん》のアクアは、お兄《にい》ちゃんのスカイが大好《だいす》きのよう。いつもとなりから離《はな》れません。

三男《さんなん》のアースは、甘《あま》えん坊《ぼう》に思《おも》えたけれど、しばらくするとマイペースな性格《せいかく》が見《み》えてきました。自分《じぶん》が寝《ね》たいときは寝《ね》るし、遊《あそ》びたければみんなに交《ま》ざるといった具合《ぐあい》。

唯一《ゆいいつ》の女《おんな》の子《こ》、サンはカーラにべったり。お母《かあ》さんを独占《どくせん》したがります。お兄《にい》ちゃんたちが寄《よ》ってくると、

『お母《かあ》さんはわたしのよ！』

とでも言《い》うようにミャーミャー声《こえ》を出《だ》します。気《き》の強《つよ》いお姫《ひめ》さまといったところでしょうか。

実際《じっさい》に生《う》まれた順番《じゅんばん》はわからないので、最初《さいしょ》に計測《けいそく》した日《ひ》の体重《たいじゅう》が多《おお》い順《じゅん》から「長男《ちょうなん》」としました。

ともかく、赤《あか》ちゃんたちにじかに接《せっ》することができて、大満足《だいまんぞく》。

ふと頭《あたま》の上《うえ》を見《み》あげると桜《さくら》の花《はな》がちらほら咲《さ》きはじめていました。
ああ、春《はる》が来《き》たんだなぁ……。
新《あたら》しい一歩《いっぽ》をふみ出《だ》したこの日《ひ》もまた、ぼくにとって忘《わす》れられない一日《いちにち》です。

生後《せいご》7日《か》目《め》

3　カーラ母《かあ》さんは子育《こそだ》て上手《じょうず》

それからも、体重測定《たいじゅうそくてい》は1週間《しゅうかん》に1回《かい》のペースで行《おこな》いました。ほかの動物園《どうぶつえん》からもらったデータの平均値《へいきんち》を参考《さんこう》に、1週間《しゅうかん》にどのくらい増《ふ》えていれば順調《じゅんちょう》かをチェックします。

お母《かあ》さんは体重《たいじゅう》をはかることができないので、ここはカンに頼《たよ》りながらお肉《にく》に加《くわ》えて、ビタミン剤《ざい》やカルシウムを与《あた》えます。

ちょっと心配《しんぱい》だったのは、衛生環境《えいせいかんきょう》の問題《もんだい》です。赤《あか》ちゃんを生《う》んだあとしばらくは、そうじをしてはいけないのです。においを消《け》してしまうとお母《かあ》さんが不安《ふあん》になるためです。不安《ふあん》になると子《こ》どもを傷《きず》つけたりしかねません。わらを交換《こうかん》したり、水《みず》を流《なが》したりするくらいのことはしましたが……。

野生動物《やせいどうぶつ》なら、うんちやおしっこにそれほど神経質《しんけいしつ》になることもないはずですが、ここは密閉《みっぺい》された空間《くうかん》です。

子《こ》どもはなんでも食《た》べたりくわえたりするので、感染症《かんせんしょう》にかからないかが気《き》がかりでした。

いやはや、心配《しんぱい》の種《たね》はつきることがありません。

最初《さいしょ》の赤《あか》ちゃんのおひろめは、生後《せいご》1か月《げつ》で行《おこな》われました。

これは、とても早《はや》い時期《じき》での公開《こうかい》です。

「3か月《げつ》……せめて2か月《げつ》経《た》つまで待《ま》ってもらえませんか？」

と主張《しゅちょう》したのですが……。

「お客《きゃく》さんたちは、ホワイトタイガーの赤《あか》ちゃんを早《はや》く見《み》たいと思《おも》っているんだ。待《ま》っている人《ひと》たちの気持《きも》ちにこたえなくてどうするんだ」

うーん、たしかに。

上司《じょうし》の言《い》うことも、もっともです。

ホームページでも生《う》まれたばかりのころの写真《しゃしん》を公開《こうかい》していましたし、期待《きたい》の声《こえ》は高《たか》まっていました。

そう、トラはとても成長《せいちょう》が早《はや》く、3か月《げつ》も経《た》つと体長《たいちょう》50センチくらいになってしまうんです。

かわいい盛《さか》りの貴重《きちょう》な姿《すがた》を見《み》たいのは当然《とうぜん》ですよね。


「うわぁ、かわいい！」

おひろめの日《ひ》は、ホワイトタイガー舎《しゃ》にたくさんのお客《きゃく》さんがつめかけました。

赤《あか》ちゃんたちは歩《ある》けるようになっていましたが、まだよちよち歩《ある》き。

コロンと転《ころ》がって……コロコロ転《ころ》がって移動《いどう》するほうが、歩《ある》くより速《はや》いかも？

転《ころ》がったり、じゃれ合《あ》ったり。

かわいらしい動《うご》きに、お客《きゃく》さんの間《あいだ》からため息《いき》がもれます。

思《おも》い思《おも》いに動《うご》き回《まわ》る子《こ》どもたちを、カーラが1頭《とう》ずつ首《くび》をくわえては自分《じぶん》のそばに連《つ》れもどす姿《すがた》もほほえましい。

こうした珍《めずら》しい場面《ばめん》を見《み》られて、お客《きゃく》さんたちも満足《まんぞく》してくださったようです。

「みんな元気《げんき》で大《おお》きくなるといいね」

こんな言葉《ことば》をかけてもらったことをありがたく思《おも》いました。

それにしても、カーラはとても子育《こそだ》て上手《じょうず》です。

すごいのは、4頭《とう》に対《たい》して公平《こうへい》にめんどうを見《み》るところ。

動物《どうぶつ》は、いざとなると本能的《ほんのうてき》に自分《じぶん》の命《いのち》を優先《ゆうせん》します。

育《そだ》てるのが大変《たいへん》だと感《かん》じれば、子育《こそだ》てを放棄《ほうき》するのは自然界《しぜんかい》ではよくあること。

弱《よわ》っている子《こ》は切《き》り捨《す》てて、元気《げんき》な子《こ》を優先《ゆうせん》することもあるのです。

4頭《とう》もの赤《あか》ちゃんをわけへだてなく、しっかり世話《せわ》した優秀《ゆうしゅう》なお母《かあ》さんのおかげで、スカイ、アクア、アース、サンはそれほど体重《たいじゅう》の差《さ》もなく成長《せいちょう》することができたのです。

トラのおっぱいは4つあります。

ちょうど1頭《とう》にひとつとはいっても、おっぱいの出方《でかた》には差《さ》があるもの。

強《つよ》い子《こ》ばかりがよく出《で》るおっぱいに吸《す》いつき、体重《たいじゅう》に差《さ》が出《で》る場合《ばあい》もあります。

「もし体重《たいじゅう》が極端《きょくたん》に少《すく》ない子《こ》がいれば、途中《とちゅう》で取《と》りあげて、人間《にんげん》の手《て》で育《そだ》てることも考《かんが》えておかないとね」

獣医《じゅうい》さんと、そんなふうに話《はな》し合《あ》ってもいました。

そうしないですんだのは、カーラのおかげなのです。


生後《せいご》2、3か月《げつ》くらいになると、歯《は》が生《は》えそろってきました。

まだお母《かあ》さんのおっぱいが中心《ちゅうしん》ですが、少《すこ》しずつお肉《にく》も食《た》べるようになります。

ごはんのときにも、カーラのお母《かあ》さんぶりに感心《かんしん》させられました。

「さあ、ごはんだよ」

みんなの前《まえ》にお肉《にく》を置《お》くと……。

やんちゃな男《おとこ》の子《こ》たち3頭《とう》が、先《さき》をあらそってお肉《にく》に飛《と》びつきます。
『これはぼくのだ』
『じゃまするなよ！』
お肉《にく》を引《ひ》っぱり合《あ》って、取《と》り合《あ》いのケンカが始《はじ》まってしまいました。
すると、カーラがその真《ま》ん中《なか》にすっと頭《あたま》を入《い》れたのです。
『お行儀《ぎょうぎ》が悪《わる》いわよ。待《ま》ちなさい』
お母《かあ》さんに怒《おこ》られると、やんちゃぼうずたちはたちまちちぢみあがります。
みるみるうちに耳《みみ》をぺたりと下《さ》げて……。
『ごめんなさい』
という顔《かお》になるからおもしろい！
カーラは、
『わかればいいのよ』
という表情《ひょうじょう》で、ゆうゆうとみんなが取《と》り合《あ》っていたお肉《にく》を食《た》べはじめます。
このとき、だれか1頭《とう》にあげてしまうと不公平《ふこうへい》になってしまうからです。

子《こ》どもたちの栄養源《えいようげん》はまだおっぱいが8割《わり》、お肉《にく》が2割《わり》くらいですから、ここでお母《かあ》さんがお肉《にく》を多《おお》く食《た》べてしまっても問題《もんだい》はありません。

お母《かあ》さんらしくふるまい、みんなに公平《こうへい》な態度《たいど》をちゃんと見《み》せているところに感心《かんしん》しきりでした。

カーラは、基本的《きほんてき》にはとてもやさしいお母《かあ》さんです。

寝《ね》ていても、だれかが鳴《な》き声《ごえ》をあげたり動《うご》き回《まわ》っていたりすれば、ピクンと起《お》きあがってようすを見《み》に行《い》きます。

それに、みんながお行儀《ぎょうぎ》よくさえしていれば……自分《じぶん》が一度《ど》くわえたお肉《にく》を、子《こ》どもたちにゆずる場面《ばめん》も見《み》られました。

だからこそ、

「カーラ、つかれてないか?」

と、慎重《しんちょう》にようすを見《み》なくてはならないといつも思《おも》っていたものです。

生後《せいご》31日目《にちめ》

このころになるとだいぶしっかりとしてきた

4 スカイの病気《びょうき》と大手術《だいしゅじゅつ》

話《はなし》は少《すこ》し前《まえ》にもどりますが、生後《せいご》1か月《げつ》のおひろめの後《あと》、スカイの具合《ぐあい》が悪《わる》くなったことがありました。

なんだかフラフラして、顔《かお》つきも悪《わる》い。

あきらかに変《へん》だと思《おも》いました。

そこで、血液検査《けつえきけんさ》をしてみると……。

「白血球《はっけっきゅう》の値《あたい》が悪《わる》いな。感染症《かんせんしょう》にかかっているらしい」

獣医《じゅうい》さんにこう告《つ》げられたときは、頭《あたま》の中《なか》が真《ま》っ白《しろ》になりました。

スカイは大丈夫《だいじょうぶ》なのか、どうなってしまうんだ？

治療《ちりょう》は獣医《じゅうい》さんに任《まか》せるしかないけれど。

ぼくにできることは……？

もし感染症《かんせんしょう》だとしたら、ほかの子《こ》たちにも、カーラにも危険《きけん》があるんじゃないか？

いったいなにが原因《げんいん》なんだ？

疑《うたが》わしいのは、運動場《うんどうじょう》の土《つち》でした。

もともと感染症《かんせんしょう》を心配《しんぱい》して、出産前《しゅっさんまえ》に一度《ど》運動場《うんどうじょう》の土《つち》を全部《ぜんぶ》新《あたら》しい砂《すな》と入《い》れかえていたのです。

もしかしたら砂《すな》に野良《のら》ネコのうんちが混《ま》ざっていたのかも……。

はっきりとはわからないけれど、とにかく危険《きけん》な可能性《かのうせい》はつぶさなくちゃ。

ぼくはスコップを持《も》ってくると、夢中《むちゅう》で運動場《うんどうじょう》の砂《すな》を全部《ぜんぶ》かき出《だ》しました。

消毒剤《しょうどくざい》のかわりに石灰《せっかい》をまいて、新《あたら》しく買《か》ってきた砂《すな》を入《い》れて混《ま》ぜました。

スカイ、治《なお》ってくれよ！

それから、ほかの子《こ》たちが病気《びょうき》にかかりませんように……。

獣医室《じゅういしつ》に「入院《にゅういん》」したスカイは、目《め》に見《み》えて弱《よわ》っていきました。

「今日《きょう》はミルクも受《う》けつけなかったよ」

と、獣医《じゅうい》さんに言《い》われたときは、胸《むね》がつぶれそうでした。

あんなに元気《げんき》だったスカイが、ぐったりしてピクリとも動《うご》かない。

一時《いちじ》は死《し》んでしまうかと思《おも》いました。

しかし、獣医《じゅうい》さんが必死《ひっし》に治療《ちりょう》してくれたおかげで、スカイは奇跡的《きせきてき》に持《も》ち直《なお》したのです。

どんなにホッとしたでしょう。

スカイがお肉《にく》を食《た》べられるまでに回復《かいふく》すると、ぼくはふんぱつしていいお肉《にく》を買《か》ってきました。

鶏肉《とりにく》の皮《かわ》をむいて、質《しつ》のいいササミの部分《ぶぶん》を食《た》べさせてあげました。

「スカイ、おいしいか？　早《はや》くよくなるんだよ」

すっかり元気《げんき》になったときは、つめで引《ひ》っかかれたことでさえうれしくてたまりませんでした。

ところが、一難《いちなん》去《さ》ってまた一難《いちなん》。

スカイに、また心配《しんぱい》ごとが持《も》ちあがってしまいました。

生後《せいご》4か月《げつ》ごろになると、子《こ》どもたちの歩《ある》き方《かた》はかなりしっかりしてきます。

ですが、スカイの歩《ある》き方《かた》だけが少《すこ》しおかしいのです。

「まあ、まだ身体《からだ》ができあがっていないし、もう少《すこ》しようすを見《み》ることにしようか」

獣医《じゅうい》さんとそう話《はな》し合《あ》ったのですが、やはり状態《じょうたい》はかわりません。

レントゲン検査《けんさ》をしたのは、生後《せいご》6か月近《げっちか》くなった9月《がつ》のことでした。

「後《うし》ろ右足《みぎあし》の膝蓋骨内方脱臼《しつがいこつないほうだっきゅう》だね」

獣医《じゅうい》さんにむずかしい診断結果《しんだんけっか》を告《つ》げられて、ぼくは目《め》を白黒《しろくろ》させました。

「なんですか、それは？」

ひざのお皿《さら》のような形《かたち》の骨《ほね》が内側《うちがわ》にずれる、生《う》まれつきの異常《いじょう》ということでした。

ほうっておくと、成長《せいちょう》に影響《えいきょう》が出《で》るかもしれないそうなのです。

「骨《ほね》と骨《ほね》がぶつかっている状態《じょうたい》だから、今《いま》も、歩《ある》くときにかなり痛《いた》いはずだよ」

スカイ……かわいそうに！

このままにはしておけません。

動物《どうぶつ》の手術《しゅじゅつ》が得意《とくい》な大学病院《だいがくびょういん》で、手術《しゅじゅつ》を受《う》けることになりました。

さいわい、手術《しゅじゅつ》は成功《せいこう》したのですが、またまた問題《もんだい》が……。

手術《しゅじゅつ》のときの傷口《きずぐち》がなかなかくっつかないのです。

原因《げんいん》は、傷口《きずぐち》から「しょう液《えき》」という水《みず》が出続《でつづ》けていることでした。

傷口《きずぐち》がかわかないので、いつまでもふさがらないのです。

1日《にち》1回麻酔《かいますい》をかけて傷口《きずぐち》をほどき、水《みず》を抜《ぬ》く。

傷口《きずぐち》をふいて、消毒《しょうどく》してまた元通《もとどお》りにぬい直《なお》す。

これを、毎日《まいにち》やっていました。

獣医《じゅうい》さんだけに任《まか》せるのは悪《わる》いので、ぼくも手伝《てつだ》うようになり、お医者《いしゃ》さんのまねごとがなかなかうまくなったと思《おも》います。

「一度感染症《どかんせんしょう》にかかっているし……早《はや》く傷《きず》がふさがってくれないかなぁ」

やきもきしながら、1か月《げつ》くらい同《おな》じことをくり返《かえ》していました。

ある日《ひ》のこと。

「あ、ごめん！　スカイ、痛《いた》かった？」

いつものように、傷口《きずぐち》にたまった水《みず》を抜《ぬ》こうとしたとき、皮膚《ひふ》のうすいところにうっかり穴《あな》をあけてしまったのです。

小《ちい》さい穴《あな》で、皮膚《ひふ》のうすいところなのでぬい合《あ》わせるのはむずかしそうです。

「しょうがない、このままにしておくか……」

ところが、これがラッキーにつながるなんて思《おも》いもしませんでした。

この穴《あな》から中《なか》にたまった水《みず》が出《で》てくれて、傷口《きずぐち》がかわいてふさがったのです。

これまで、傷口《きずぐち》をふさぐために、いろいろな方法《ほうほう》をためしていたんですよ。

医療用《いりょうよう》の接着剤《せっちゃくざい》を使《つか》ってもダメだったのに。

「こんな原始的《げんしてき》な方法《ほうほう》で治《なお》るなんて、わからないもんだねぇ」

獣医《じゅうい》さんと顔《かお》を見合《みあ》わせて、大笑《おおわら》いしました。

一生懸命《いっしょうけんめい》がんばったから、神様《かみさま》がごほうびをくれたのかな。

そんなふうに思《おも》った、一幕《ひとまく》でした。

歩《ある》くリハビリを経《へ》て、スカイがふたたびお客《きゃく》さんの前《まえ》にもどってきたのは、手術《しゅじゅつ》から1

年《ねん》ほども経《た》ったころでした。

「スカイ復活記念《ふっかつきねん》」と名《な》づけたイベントには、たくさんのお客《きゃく》さんが来《き》てくれました。

4頭《とう》そろってのおひろめ以来《いらい》、スカイがいなくなったことをみんなが心配《しんぱい》してくれていました。

スカイのことはテレビの番組《ばんぐみ》で取《と》りあげられており、病状《びょうじょう》を知《し》っていたお客《きゃく》さんもたくさんいたのです。

「スカイくんのこと、待《ま》っていましたよ」

「治《なお》って本当《ほんとう》によかったですね」

と、心《こころ》からの声《こえ》をかけてもらい、思《おも》わず涙《なみだ》ぐんでしまいました。


ほかの子《こ》とくらべれば歩《ある》き方《かた》が少《すこ》し変《へん》かもしれません。

でも、よく見《み》ないとわからないくらいです。

なにより、もうどこも痛《いた》まないで歩《ある》いたり走《はし》ったりできるようになったんです！

もう、これからは入院《にゅういん》なんてしないでくれよ！

ひさしぶりに運動場《うんどうじょう》を走《はし》り回《まわ》るスカイを眺《なが》めながら、ぼくは獣医《じゅうい》さんとかたく握手《あくしゅ》をしました。

5 親離《おやばな》れの季節《きせつ》

スカイの病気《びょうき》をのぞけば、子《こ》どもたちの成長《せいちょう》は順調《じゅんちょう》でした。
生後《せいご》4、5か月《げつ》ほどになると、運動場《うんどうじょう》でのびのびとかけ回《まわ》るようになります。
半年《はんとし》ほど経《た》つと、そろそろおっぱいを卒業《そつぎょう》。
大人《おとな》と同《おな》じように、お肉《にく》だけを食《た》べるようになります。
10か月《げつ》をすぎると、子《こ》どもたちのやんちゃぶりがかなり目立《めだ》ってきました。
身体《からだ》も大《おお》きくなって、いよいよお母《かあ》さんの手《て》に負《お》えなくなってきたようすです。
それは、親離《おやばな》れの時期《じき》が近《ちか》づいてきた証拠《しょうこ》でもありました。

そのときは、とつぜんに訪《おとず》れました。
ある日《ひ》、カーラだけを運動場《うんどうじょう》に出《だ》したことがありました。

もうすっかり大《おお》きい子《こ》どもたちに激《はげ》しくじゃれつかれるとカーラがつかれてしまうので、1頭《とう》でのびのびさせようと思《おも》ったのです。

しかし、子《こ》どもたちは、すかさずカーラについていこうとします。

すると……。

ウォーッ

ひと声《こえ》、激《はげ》しい吠《ほ》え声《ごえ》がとどろきました。

カーラが、子《こ》どもたちを威嚇《いかく》したのです！

『こっちに来《こ》ないで！』

という、意思《いし》の表明《ひょうめい》です。

迫力《はくりょく》に押《お》され、子《こ》どもたちは、すごすごと部屋《へや》にもどっていきました。

ああ、これが親離《おやばな》れなんだ……。

野生動物《やせいどうぶつ》の世界《せかい》では、必《かなら》ず「親離《おやばな》れ」の瞬間《しゅんかん》がやってきます。

親《おや》は必《かなら》ず、あるとき子《こ》どもをつきはなす……これは、自然《しぜん》のおきてです。

人気者《にんきもの》の４きょうだい

この線《せん》引《び》きははっきりしていて、その後《あと》は二《に》度《ど》と子《こ》どもの世話《せわ》を焼《や》いたりすることはありません。

人間《にんげん》の目《め》から見《み》ると、少《すこ》しさびしく思《おも》えるけれど、「一《いち》人《にん》前《まえ》のトラ」として生《い》きていくために、必要《ひつよう》な儀式《ぎしき》なのです。

この日《ひ》をさかいに、お母《かあ》さんと子《こ》どもたちは別々《べつべつ》の部屋《へや》でくらすようになりました。

決《けっ》して、仲《なか》が悪《わる》くなったのではありません。

親子《おやこ》ではなく「一頭《いっとう》のトラ同士《どうし》」に関係《かんけい》がかわっただけなのです。

動物園《どうぶつえん》という環境《かんきょう》でも、できるだけ「野生《やせい》」をなくさずに、その動物《どうぶつ》らしく生《い》きてほしい。

これはぼくたちにとって大《おお》きな課題《かだい》です。

たとえば、動物園《どうぶつえん》でくらす動物《どうぶつ》は、運動不足《うんどうぶそく》になりがちです。

運動場《うんどうじょう》があるとはいっても、スペースは限《かぎ》られています。

むりやり運動《うんどう》させることもできないし……。

また、自然界《しぜんかい》では、どんなに強《つよ》い動物《どうぶつ》でも、いつ仲間《なかま》に襲《おそ》われるかわからないという緊《きん》張感《ちょうかん》を持《も》ってくらしています。

動物園《どうぶつえん》でも仲間《なかま》うちで威嚇《いかく》し合《あ》う姿《すがた》は見《み》られますが、生存競争《せいぞんきょうそう》の激《はげ》しい自然界《しぜんかい》とは違《ちが》います。

そうした気《き》のゆるみは、体型《たいけい》にもあらわれてくるはず。

野生《やせい》のトラ本来《ほんらい》の姿《すがた》に近《ちか》づけるにはどうすればいいんだろう?

自分《じぶん》なりに考《かんが》えて工夫《くふう》したのは、ごはんの与《あた》え方《かた》です。

ごはんをあげる時間帯《じかんたい》をちょっとずらしたり、ときどき量《りょう》を少《すく》なくしたりするのです。

それがストレスにならない程度《ていど》にばらつきを持《も》たせる。

あくまで1週間《しゅうかん》でのトータルのごはんの量《りょう》は減《へ》らないよう、栄養不足《えいようぶそく》にならないように気《き》をつけながらです。

いつもより1時間《じかん》ごはんの時間《じかん》が遅《おそ》いと、

『あれ、いつごはんをもらえるのかな』

という、ちょっとした刺激《しげき》が生《う》まれ、それが緊張感《きんちょうかん》につながるのではないかと考《かんが》えたのです。


こんなことを始《はじ》めたのは、あるお客《きゃく》さんのひとことがきっかけでした。

ぼくがホワイトタイガーの担当《たんとう》を始《はじ》めて2年目《ねんめ》くらいのときだったでしょうか。

お客《きゃく》さんに、

「おたくのホワイトタイガーはちょっと太《ふと》りぎみじゃない？　毛《け》づやもあまりよくないね」

と言《い》われたのです。

正直《しょうじき》、そのときは、

「そんなことを言《い》われてもなぁ……」

と思《おも》いました。

ペットの犬《いぬ》やネコのように、お風呂《ふろ》に入《い》れたりブラッシングをしたりできるわけではないのですから。

だけど、「太《ふと》りぎみじゃない？」と言《い》われたことはくやしかったんです。

そこまで管理《かんり》するのは無理《むり》だと決《き》めつけないで、勉強《べんきょう》してみよう。

そう決意《けつい》して、ほかの動物園《どうぶつえん》の猛獣担当者《もうじゅうたんとうしゃ》の集《あつ》まりに参加《さんか》して意見《いけん》を聞《き》いたり、専門書《せんもんしょ》を読《よ》んだりしました。

そんな中《なか》で考《かんが》えたのが、この方法《ほうほう》です。

ごはんの質《しつ》も見直《みなお》しました。

今《いま》は、馬肉《ばにく》と鶏肉《とりにく》をあげています。

馬肉《ばにく》は海外《かいがい》からの輸入品《ゆにゅうひん》、鶏肉《とりにく》は国産《こくさん》の雄鶏《おんどり》です。

肉《にく》には脂身《あぶらみ》がありますが、よく見《み》るとあきらかに「余分《よぶん》な脂肪《しぼう》」と思《おも》えるものがあるんです。

「これはきっと自然界《しぜんかい》にくらしている動物《どうぶつ》にはついてない脂肪《しぼう》だ」

そう気《き》がついてからは、脂肪《しぼう》をたんねんに取《と》り除《のぞ》いてから与《あた》えるようにしました。

運動量《うんどうりょう》のコントロールはできないけど、ごはんで調整《ちょうせい》することはできるわけです。

若《わか》いトラでも性格《せいかく》によって、遊《あそ》ぶのが大好《だいす》きな子《こ》と、そうでもない子《こ》がいます。

もちろん年《とし》を取《と》るほど動《うご》きたがらなくなります。

ですから、個別《こべつ》にごはんの内容《ないよう》をかえるようにしてみました。

よく動《うご》くスカイにはカロリーの高《たか》い鶏肉《とりにく》を多《おお》く、カロリーの低《ひく》い馬肉《ばにく》を少《すく》なめに。

あまり動《うご》かないお父《とう》さんのロッキーには、この割合《わりあい》を反対《はんたい》にするのです。


地道《じみち》な工夫《くふう》を続《つづ》けて……3年《ねん》くらい経《た》つと結果《けっか》が目《め》に見《み》えるようになってきました。

よその動物園《どうぶつえん》の猛獣担当《もうじゅうたんとう》の方《かた》に、

「ロッキーはきれいな体型《たいけい》をしているね」

と言《い》ってもらえたのです。

自分《じぶん》でも、

「筋肉《きんにく》がしまってきたんじゃないかな」

と思《おも》っていたところだったので、ちょっと得意《とくい》な気持《きも》ちになりました。

また、お客《きゃく》さんに、

「ここのホワイトタイガーは毛並《けな》みがきれいですね。お風呂《ふろ》にでも入《い》れているの？」

と、言《い》われたり……。

手探《てさぐ》りでやってきたことが実《み》を結《むす》んで、少《すこ》し自信《じしん》がついてきました。

決《き》まった作業《さぎょう》をするだけでも、いそがしく毎日《まいにち》はすぎていきます。

でも、やれることはたくさんあると気《き》づくほど、飼育員《しいくいん》の仕事《しごと》にますますやりがいを感《かん》じるようになるのです。

日々《ひび》の積《つ》み重《かさ》ねが経験《けいけん》を作《つく》り、それが知識《ちしき》となっていきます。

たとえば、ぼくは毎朝《まいあさ》ホワイトタイガー舎《しゃ》に入《はい》ると、必《かなら》ずみんなの身体《からだ》を上《うえ》から眺《なが》めるんです。

毎日観察《まいにちかんさつ》しているうちに、ちょっとした違《ちが》いがわかるようになってきました。

ごはんを食《た》べるときのようすや顔《かお》つきで、体調《たいちょう》もわかります。

トラのような猛獣《もうじゅう》は、具合《ぐあい》が悪《わる》くてもそれをうったえようとしません。

反対《はんたい》に、体調《たいちょう》が悪《わる》ければそれをかくすようにふるまいます。

これは、弱《よわ》みを見《み》せては生《い》き残《のこ》れないという、野生《やせい》の本能《ほんのう》です。

そこをいかに見抜《みぬ》くか。

小《ちい》さな行動《こうどう》の変化《へんか》を見逃《みのが》さないことが、動物《どうぶつ》の健康《けんこう》を守《まも》るぼくたちのつとめです。

アクア、アース、サンは、ほかの動物園《どうぶつえん》に旅立《たびだ》っていきました。

さびしいですが、限《かぎ》られたスペースでは、大人《おとな》のトラを６頭《とう》も飼育《しいく》することはむずかしいのです。

きゅうくつな思《おも》いをしてはかわいそうですし、きょうだい同士《どうし》では子《こ》どもを作《つく》ることもできません。

４きょうだいのうち、足《あし》の悪《わる》いスカイだけはうちに残《のこ》すことになりました。

じつは、２０１５年《ねん》の１月《がつ》にもカーラは赤《あか》ちゃんを生《う》みました。

前回《ぜんかい》に続《つづ》いて、また4頭《とう》。

今度《こんど》は4頭《とう》とも、男《おとこ》の子《こ》です。

ホワイトタイガー舎《しゃ》はまたにぎやかになりました。

しかし、残念《ざんねん》なことに、六男《ろくなん》のリーフは、1年《ねん》2か月《げつ》で死《し》んでしまいました。

リーフは、いつもぼくが舎内《しゃない》に入《はい》ると鼻《はな》を鳴《な》らしてあいさつしてきたものです。

ある日《ひ》、そのいつものあいさつをしなかったので、

「これは変《へん》だな」

と、思《おも》ったのです……。

すぐ獣医《じゅうい》さんに報告《ほうこく》したのですが、2日後《かご》からごはんを食《た》べなくなり、間《ま》もなく天国《てんごく》へ旅立《たびだ》ちました。


ホワイトタイガーを長《なが》く担当《たんとう》して、二度《ど》の出産《しゅっさん》を見届《みとど》けて。

少《すこ》しは自信《じしん》がついてきたところでしたが、

「自分《じぶん》はまだまだだ」

と、思《おも》い知《し》らされました。
獣医《じゅうい》さんは、
「予測《よそく》できない病気《びょうき》で、仕方《しかた》がなかった」
と言《い》ってくれたけど、あきらめきれない気持《きも》ちでいっぱいです。
ぼくが、リーフの変調《へんちょう》にもっと早《はや》く気《き》づくことができていたら。
もしかしたら命《いのち》は助《たす》かったのではないかと思《おも》ってしまうのです。

ホワイトタイガーたちは、みんな自分《じぶん》の子《こ》どものような存在《そんざい》です。
言葉《ことば》は通《つう》じないけれど、気持《きも》ちは通《つう》じている！
ぼくが舎内《しゃない》に顔《かお》を出《だ》すのを、
『待《ま》ってたよ』
と言《い》うようにむかえてくれるカーラやロッキー。
遊《あそ》んでいる赤《あか》ちゃんたちが、
『板倉《いたくら》さんも遊《あそ》ぼうよ』

と、じゃれついてきたときも、うれしかったなぁ。

お客《きゃく》さんに交《ま》じってガラス越《ご》しに見《み》ているときに、自分《じぶん》を見《み》つけてくれるのも、すごくうれしいですね。

『あ、あそこに板倉《いたくら》さんがいる！』

と言《い》うような顔《かお》で見《み》てくれた――。そんなとき、頼《たよ》りにされているのかな、ぼくのことを好《す》いていてくれるのかなと思《おも》えるんです。

これからももっと勉強《べんきょう》をして、ホワイトタイガーたちが幸《しあわ》せにくらせるようにがんばっていきます！

第《だい》2章《しょう》

マレーバク

大《おお》きなものでは体重《たいじゅう》が500キロ以上《いじょう》になるマレーバク。
鼻《はな》が発達《はったつ》していてにおいにびんかんな動物《どうぶつ》です。

飼育員《しいくいん》

松村和博《まつむらかずひろ》さん　飼育員歴《しいくいんれき》9年《ねん》

主《おも》な担当動物《たんとうどうぶつ》

マレーバク、ガチョウ、チンパンジーなど

マレーバク飼育歴《しいくれき》2か月《げつ》

1 待《ま》ちに待《ま》った、赤《あか》ちゃん誕生《たんじょう》！

「松村《まつむら》くん、シンディーの赤《あか》ちゃん、いつごろ生《う》まれそうなの？」

8月《がつ》に入《はい》ったばかりのある暑《あつ》い日《ひ》のこと。

マレーバク舎《しゃ》の前《まえ》で声《こえ》をかけられてふり向《む》くと、同僚《どうりょう》の板倉《いたくら》さんがニコニコ笑《わら》っていました。

「それがさっぱりわからないんですよ。でも、よく見《み》ると少《すこ》しおっぱいが大《おお》きくなっているみたいだから、赤《あか》ちゃんがいるのはたしかだと思《おも》うんです」

みなさんは、

「あれっ、赤《あか》ちゃんができるとおなかが大《おお》きくなるんじゃないの？」

と思《おも》ったのではないでしょうか。

ところが、不思議《ふしぎ》なことにマレーバクは赤《あか》ちゃんができても、おなかが大《おお》きくならないのです。

大人《おとな》のマレーバクの体長《たいちょう》は、1・8〜2・5メートルくらい。

体重《たいじゅう》は少《すく》なくとも250キロくらい。

500キロをこえるものもいます。

ずんぐりとした身体《からだ》つきのため、数《すう》キロの赤《あか》ちゃんがおなかの中《なか》にいても目立《めだ》たないのでしょう。

赤《あか》ちゃんが生《う》まれる寸前《すんぜん》になっても、見《み》た目《め》がかわりません。

外《そと》から見《み》て、赤《あか》ちゃんがいるかどうかを判断《はんだん》するのは、専門家《せんもんか》でもむずかしいと言《い》われています。


うちの園《えん》には、オスのトムとメスのシンディーという2頭《とう》のマレーバクがいます。

前《まえ》に、こんなことがありました。

飼育員《しいくいん》が夕方《ゆうがた》、園内《えんない》を歩《ある》いているときに、トムとシンディーが交尾《こうび》しているのを見《み》たというのです。

「これは、赤《あか》ちゃんが生《う》まれるかもしれないぞ！」

「シンディーにとっては初《はじ》めての出産《しゅっさん》だね」

ぼくたちは楽《たの》しみに待《ま》っていました。

マレーバクの妊娠《にんしん》期間《きかん》は約《やく》４００日《にち》（約《やく》13か月《げつ》）です。

人間《にんげん》の赤《あか》ちゃんが、お母《かあ》さんのおなかの中《なか》にいる期間《きかん》は10か月《げつ》くらい。

人間《にんげん》とくらべると、けっこう長《なが》いですね。

お母《かあ》さんのお乳《ちち》を吸《す》って育《そだ》つ「ほにゅう類《るい》」では、身体《からだ》が大《おお》きいほど妊娠《にんしん》期間《きかん》が長《なが》くなります。

ウサギは1か月《げつ》くらい。犬《いぬ》の場合《ばあい》は2か月《げつ》くらい。

ほにゅう類《るい》で、妊娠《にんしん》期間《きかん》が一番《いちばん》長《なが》いのはゾウです。

21か月《げつ》か、それ以上《いじょう》になることもあります。

さて、シンディーはというと。

赤《あか》ちゃんが生《う》まれるのではないかと予想《よそう》した日《ひ》をだいぶすぎても、出産《しゅっさん》するようすはありません。

「どうやら妊娠《にんしん》していなかったらしいね」

みんなで話《はな》し合《あ》った結果《けっか》、そう考《かんが》えるしかありませんでした。

それでもぼくの中《なか》には、

「だけど、もしかしたら……？」

という気持《きも》ちが残《のこ》っていました。

そして、シンディーの身体《からだ》を注意深《ちゅういぶか》く観察《かんさつ》していると、ほんの少《すこ》しですが、おっぱいが大《おお》きくなっていることに気《き》づいたのです。

これは、赤《あか》ちゃんがいるしるしに違《ちが》いありません。

「きっと、その後《あと》にもう一度交尾《どこうび》していたのではないでしょうか。シンディーには赤《あか》ちゃんができている可能性《かのうせい》が高《たか》いと思《おも》います」

ぼくは、飼育員《しいくいん》たちのミーティングでこう報告《ほうこく》しました。

そこで、毎日《まいにち》シンディーの写真《しゃしん》をとることに決《き》めたのです。

写真《しゃしん》を見《み》くらべれば、身体《からだ》のわずかな変化《へんか》が読《よ》みとれると思《おも》ったからです。

パシャッ

カメラの音《おと》に気《き》がついて、シンディーが黒《くろ》い瞳《ひとみ》をぼくのほうに向《む》けました。

「シンディー、赤《あか》ちゃんがいるんだよね？　ぼくにはなんだかそう思《おも》えるんだ……。丈夫《じょうぶ》な赤《あか》ちゃんを見《み》せてくれよ」

こうささやいて、ぼくは夕《ゆう》ぐれの園《えん》をあとにしたのです。

次《つぎ》の日《ひ》。

それは忘《わす》れもしない、2012年《ねん》、8月《がつ》2日《か》の朝《あさ》でした。

この日《ひ》、ぼくはお休《やす》みで、家《いえ》にいました。

「洗濯《せんたく》でもしようかなあ」

と思《おも》っていたところでした。

すると……。

プルルル……プルルルル……

「はい、松村《まつむら》です……」

電話《でんわ》をとった瞬間《しゅんかん》、同僚《どうりょう》の板倉《いたくら》さんの大声《おおごえ》がぼくの耳《みみ》に飛《と》びこんできました。

「松村《まつむら》くん、シンディーの赤《あか》ちゃんが生《う》まれてるよ！」

「えっ、本当《ほんとう》ですか!?」

びっくりして、電話《でんわ》を落《お》としそうになりました。

「やっぱり赤《あか》ちゃんがいたんだ。でも、まさかこんなに早《はや》いとは……」

うれしさと驚《おどろ》きと……いろいろな思《おも》いが頭《あたま》の中《なか》をかけめぐります。

「わかりました、すぐに行《い》きます！」

そう言《い》って、電話《でんわ》を切《き》りました。

身体《からだ》の底《そこ》からワクワクした気持《きも》ちがこみあげてきます。

「赤《あか》ちゃんは元気《げんき》だろうか」

「初《はじ》めてのお産《さん》だけど、シンディーの体調《たいちょう》は大丈夫《だいじょうぶ》かな」

同時《どうじ》に、不安《ふあん》もいっぱいで……ほとんど「お父《とう》さん」のような気分《きぶん》です。

「とにかく早《はや》く赤《あか》ちゃんを見《み》たい！」

そんな一心《いっしん》で、急《いそ》いでしたくをしました。

電話《でんわ》を受《う》けたのが9時《じ》ごろ。

1時間後《じかんご》には、ぼくはマレーバク舎《しゃ》の前《まえ》にかけつけていました。

「本当《ほんとう》だ！　生《う》まれてる！」

マレーバク舎《しゃ》のすみに、黒《くろ》い身体《からだ》に白《しろ》い横縞《よこじま》とはん点模様《てんもよう》のある赤《あか》ちゃんがうずくまっています。

マレーバクの赤《あか》ちゃんは、イノシシの子《こ》どもの「ウリボウ」そっくりの模様《もよう》です。

これは、木々《きぎ》のこもれ日《び》の中《なか》に身《み》をかくすため。

このはん点模様《てんもよう》は成長《せいちょう》するうちに消《き》えていき、半年《はんとし》くらいで大人《おとな》と同《おな》じような模様《もよう》になるのです。

大人《おとな》のマレーバクの身体《からだ》は真《ま》っ黒《くろ》で、胴体《どうたい》の真《ま》ん中《なか》だけが白《しろ》い、おしゃれなツートンカラー。

マレーバクは、もともと森林《しんりん》の中《なか》にすんでいる夜行性《やこうせい》の動物《どうぶつ》です。

天敵《てんてき》のヒョウやトラから身《み》を守《まも》るため、保護色《ほごしょく》のような色合《いろあ》いを持《も》っています。夜《よる》の月明《つきあ》かりの中《なか》では、身体《からだ》の白《しろ》い部分《ぶぶん》しか見《み》えないのです。自然《しぜん》というのは、じつにうまくできています。

マレーバクのロケットのような身体《からだ》の形《かたち》も、敵《てき》に追《お》われたときにジャングルの中《なか》をすりぬけやすいためです。

「そうだ、シンディーは？」

シンディーは、赤《あか》ちゃんと離《はな》れたところをソワソワ歩《ある》き回《まわ》っていました。

「シンディー、よくがんばったね」

おどかさないように、そっと声《こえ》をかけました。

シンディーが落《お》ち着《つ》かないようすなのは、マレーバク舎《しゃ》の内側《うちがわ》にあるみぞに赤《あか》ちゃんが落《お》ちてしまわないように、柵《さく》を取《と》りつける工事《こうじ》をしていたせいだったかもしれません。

小《ちい》さな赤《あか》ちゃんにとっては、ちょっとしたけがが命取《いのちと》りになるので、これはすぐにやらなくてはいけないことだったのです。

「やあ、松村《まつむら》くん、おつかれさま」

獣医《じゅうい》さんがそばに来《き》て、声《こえ》をかけてくれました。

「おはようございます。シンディーは、赤《あか》ちゃんにお乳《ちち》をあげていますか？」

ぼくは真《ま》っ先《さき》に、気《き》になっていたことを聞《き》きました。

「今《いま》までシンディーを見《み》ていたけど、あげていないね……。たぶん、出産《しゅっさん》してから一度《ど》も授乳《じゅにゅう》していないんじゃないかな」

「やっぱりそうですか……」

生《う》まれたばかりのころのようす

2 ぼくがお母《かあ》さんになる⁉

シンディーはこの動物園《どうぶつえん》で生《う》まれました。

ですが、お母《かあ》さんが子育《こそだ》てをしなかったため、飼育員《しいくいん》の手《て》で育《そだ》てあげられました。

親《おや》に育《そだ》てられなかった動物《どうぶつ》は赤《あか》ちゃんの育《そだ》て方《かた》がわからず、出産《しゅっさん》しても赤《あか》ちゃんの世話《せわ》をしないことがよくあります。

「とりあえず、夕方《ゆうがた》までようすを見《み》ることにしよう」

出産後《しゅっさんご》のお母《かあ》さんは気《き》が立《た》っているので、あまりそばにくっついていないほうがいいのです。

舎内《しゃない》にビデオカメラを設置《せっち》し、モニターで観察《かんさつ》することにしました。

シンディーはときどき赤《あか》ちゃんのそばに寄《よ》っていったり、身体《からだ》をなめてあげたりしています。

でも、母乳《ぼにゅう》を与《あた》えることはしません。

「何時《なんじ》に生《う》まれたのか正確《せいかく》な時間《じかん》はわからないが……これ以上《いじょう》ほうっておくと、赤《あか》ちゃんが死《し》んでしまう確率《かくりつ》が高《たか》くなると思《おも》う」

獣医《じゅうい》さんの言葉《ことば》で、みんなの間《あいだ》に緊張《きんちょう》が走《はし》ります。

大切《たいせつ》な命《いのち》を、なんとか育《そだ》てたい。

獣医《じゅうい》さんや先輩《せんぱい》の飼育員《しいくいん》と相談《そうだん》をして、ぼくたちは決断《けつだん》をくだしました。

「人工飼育《じんこうしいく》で育《そだ》てましょう」

「もちろん、みんな協力《きょうりょく》するが……松村《まつむら》くん、たのんだよ」

こうなる可能性《かのうせい》はあると思《おも》っていました。

でも、自分《じぶん》が親《おや》がわりになると思《おも》うと責任《せきにん》は重大《じゅうだい》です。

たとえば人間《にんげん》がごはんをあげて、あとはお母《かあ》さんに任《まか》せるというような、ちゅうとはんぱなやり方《かた》はよくないと考《かんが》えられています。

赤《あか》ちゃんも、お母《かあ》さんも混乱《こんらん》してしまうためです。

「これからは、ぼくがお母《かあ》さんになってこの子《こ》を育《そだ》てるんだ」

かくごを決《き》めて、マレーバク舎《しゃ》に向《む》かいました。

いきなり赤《あか》ちゃんを取《と》りあげると、お母《かあ》さんが怒《おこ》ってしまうかもしれないので、まずシンディーを外《そと》に出《だ》しました。

それから、赤《あか》ちゃんに近《ちか》づいて、そっと抱《だ》きあげます。

つやつやとした毛並《けな》み。

つぶらな瞳《ひとみ》に見《み》とれました。

「かわいいなあ……」

赤《あか》ちゃんを連《つ》れだした後《あと》、シンディーを部屋《へや》にもどしました。

シンディーは、赤《あか》ちゃんがいなくなったことを疑問《ぎもん》に感《かん》じてはいないようです。

「シンディー、赤《あか》ちゃんはぼくに任《まか》せておくれ。必《かなら》ず、立派《りっぱ》に育《そだ》ててみせるからね」

ぼくは、心《こころ》の中《なか》で約束《やくそく》をしました。

まず、最初《さいしょ》にやったのは赤《あか》ちゃんの体重《たいじゅう》をはかることです。

体重《たいじゅう》は6キロでした。

飼育員《しいくいん》の先輩《せんぱい》が、

「これまでにうちの園《えん》で生《う》まれた赤《あか》ちゃんの平均《へいきん》は8キロか9キロくらいだから、少《すこ》し小《ちい》さいかな」

と言《い》っていましたが、気《き》にするほどではなさそうです。

「左足《ひだりあし》がちょっと曲《ま》がっているね。立《た》てているから問題《もんだい》ないかもしれないけど、一度《ど》ちゃんと調《しら》べておいたほうがいいだろう」

獣医《じゅうい》さんに言《い》われて見《み》ると、たしかに少《すこ》し足《あし》が曲《ま》がっていました。

マレーバクは大人《おとな》になると体重《たいじゅう》が300キロにもなります。

「それだけの体重《たいじゅう》を支《ささ》えて歩《ある》くことができなかったら……」

そんな不安《ふあん》が、胸《むね》をよぎります。

でも、心配《しんぱい》ばかりもしていられません。

「そうそう、ミルクをあげなくちゃ」

赤《あか》ちゃんを抱《だ》いて、ほにゅうびんを口《くち》に当《あ》ててやりました。

赤《あか》ちゃんは、ぎこちなく……チュウ、チュウと吸《す》いはじめます。

勢《いきお》いよく、というわけにはいかないようです。

でも、ちょっとずつ飲《の》んでくれたので、まずはひと安心《あんしん》。

赤《あか》ちゃんを育《そだ》てるのは、獣医室《じゅういしつ》の中《なか》に用意《ようい》した一畳《じょう》くらいのスペースです。

プラスチックの柵《さく》でかこいを作《つく》り、身体《からだ》を冷《ひ》やさないように、床《ゆか》にはわらをしきつめてあります。

赤《あか》ちゃんは男《おとこ》の子《こ》。

名前《なまえ》は「ヒコボシ」に決《き》まりました。

この子《こ》の誕生日《たんじょうび》は８月《がつ》２日《か》。

マレーバクの妊娠期間《にんしんきかん》が約《やく》４００日《にち》であることから逆算《ぎゃくさん》すると、お母《かあ》さんが妊娠《にんしん》したのは1年前《ねんまえ》の７月《がつ》７日《か》のころでしょう。

これにちなんでつけた名前《なまえ》です。

「ヒコボシ、今日《きょう》からよろしくね」

この日《ひ》から、ぼくはヒコボシのお母《かあ》さんになりました。

マレーバクの飼育員《しいくいん》としては経験《けいけん》が浅《あさ》いけれど、そんなことは言《い》っていられません。本物《ほんもの》のお母《かあ》さんだって、だれでも最初《さいしょ》は初心者《しょしんしゃ》ですからね。

はじめのころは、ミルクは1日《にち》5回《かい》。

獣医《じゅうい》さんと相談《そうだん》して、体重《たいじゅう》の変化《へんか》を見《み》ながら、量《りょう》や回数《かいすう》を考《かんが》えていこうと話《はな》し合《あ》っていました。

ミルクをほどよい温度《おんど》に温《あたた》め、毎日《まいにち》どのくらいの量《りょう》をあげるか、実際《じっさい》に飲《の》んだ量《りょう》をノートに記録《きろく》していきます。

体重《たいじゅう》も、毎日《まいにち》はかります。

このころ、ぼくはマレーバクのほかにチンパンジー、アライグマ、タヌキの担当《たんとう》もしていました。

ですから、一日中《いちにちじゅう》ヒコボシにつきっきりというわけにはいきません。

でも、ヒコボシは生《う》まれたての赤《あか》ちゃんなのです。

無事《ぶじ》に生《う》まれてきたとはいっても、まだ不安定《ふあんてい》な状態《じょうたい》です。

ちょっとしたことで、命《いのち》の危機《きき》におちいるかもしれません。

しばらくの間《あいだ》は、ヒコボシのことを第一《だいいち》にしようと決《き》めていました。

朝《あさ》は、登園《とうえん》すると真《ま》っ先《さき》にヒコボシの顔《かお》を見《み》に行《い》きます。

「おはよう、ヒコボシ。さあ、朝《あさ》ごはんにしようね」

ほかの仕事《しごと》をしていても、ヒコボシのごはんの時間《じかん》になると途中《とちゅう》でやめて、急《いそ》ぎ足《あし》でヒコボシのところに向《む》かいました。

さいわい、ミルクはよく飲《の》んでくれるようになりました。

問題《もんだい》は、うんちが出《で》ないことでした。

はじめから、先輩《せんぱい》に、

「マレーバクの赤《あか》ちゃんは便秘《べんぴ》になりやすいから気《き》をつけるんだよ。うんちが出《で》ないとおなかがつまって、死《し》んでしまうこともあるそうだ」

と言《い》われていて、気《き》にかかっていたのですが……。

1週間《しゅうかん》経《た》っても、10日《か》経《た》ってもうんちが出《で》ないのです。

ほかの園《えん》で、生《う》まれて間《ま》もなく腸《ちょう》が張《は》って死《し》んでしまった子《こ》がいることも聞《き》いていました。

「もし、そんなことになってしまったら……」

想像《そうぞう》するだけでも、涙《なみだ》が出《で》てきそうです。

「便秘《べんぴ》にききめのありそうなことは、なんでもやってみよう！」

ふつうなら、このころの赤《あか》ちゃんはお母《かあ》さんのお乳《ちち》だけで育《そだ》ちます。

お母《かあ》さんのお乳《ちち》には、赤《あか》ちゃんの成長《せいちょう》に必要《ひつよう》な栄養分《えいようぶん》がいっぱいです。

「ミルクとお母《かあ》さんのお乳《ちち》では、違《ちが》うんだろうな」

ミルクのほかに、腸《ちょう》の働《はたら》きをよくするはちみつとヨーグルトもあげてみました。

ごはんの後《あと》には、毎回《まいかい》かかさず身体《からだ》をお湯《ゆ》につけて温《あたた》めます。

はじめのころは、抱《だ》きあげるとバタバタしていやがるようなそぶりをしていたヒコボシも、おとなしく抱《だ》かれてくれるようになっていました。

お湯《ゆ》を張《は》ったたらいに入《い》れるとき、

「じゃ、ここに座《すわ》ろうね」

と声《こえ》をかけながら、ももの内側《うちがわ》のあたりを触《さわ》るとおとなしく座《すわ》ってくれるのも、かわいくて仕方《しかた》がありません。
「よしよし、いい子《こ》だね。うんちが出《で》るといいね」
とあやしながら、お湯《ゆ》の中《なか》で肛門《こうもん》を軽《かる》くトントンと触《さわ》って刺激《しげき》を与《あた》えてみます。
ヒコボシは、目《め》を細《ほそ》めて気持《きも》ちよさそうです。
それでも、うんちは出《で》てくれませんが……。
便秘《べんぴ》には運動《うんどう》も効果《こうか》があるので、散歩《さんぽ》も日課《にっか》にしていました。
「ヒコボシ、散歩《さんぽ》に行《い》くよ」
声《こえ》をかけると、
『ピィ』
かわいい鳴《な》き声《ごえ》で返事《へんじ》をすることもありました。
バクは目《め》はあまりよくありませんが、そのかわりに耳《みみ》や鼻《はな》がびんかんです。
ぼくの声《こえ》を覚《おぼ》えてくれている。
そう思《おも》うとうれしくなります。

散歩《さんぽ》は1日《にち》、20分《ぷん》くらい。
閉園《へいえん》した後《あと》、涼《すず》しくなったころにヒコボシを連《つ》れて外《そと》に出《で》ます。
真夏《まなつ》のアスファルトは、照《て》りつけた太陽《たいよう》でカンカンに熱《あつ》くなっているからです。
ヒコボシは、ヒモをつけたりしなくても、ぼくの後《あと》をトコトコとついてきます。
どうやらぼくの長《なが》ぐつを覚《おぼ》えているようです。
ぼくは園《えん》で仕事《しごと》をするときは、いつも長《なが》ぐつをはいています。
一度《ど》、ぼくがスニーカーをはいていたとき、ヒコボシは、
『おかしいな』
と言《い》うような顔《かお》で、ウロウロしていたことがありました。

3 やっと出《で》た感動《かんどう》のうんち

こんなふうにいろいろな工夫《くふう》をしたのですが、結局《けっきょく》うんちが出《で》ないまま、生《う》まれてから18日《にち》も経《た》ってしまいました。

「うーん。これは、もう浣腸《かんちょう》をしたほうがいいね」

獣医《じゅうい》さんは、むずかしい顔《かお》をしています。

「うんちが出《で》ないと食欲《しょくよく》も落《お》ちる。食《た》べなくなれば、身体《からだ》が弱《よわ》ってしまうからね」

「仕方《しかた》がありませんね。ヒコボシ、ちょっと我慢《がまん》してくれよ」

浣腸《かんちょう》のおかげで、おなかの中《なか》をすっきりさせることはできました。

でも、これからしっかり成長《せいちょう》していくには、自分《じぶん》の力《ちから》でうんちを出《だ》すことが必要《ひつよう》なのです。

「ヒコボシのうんちが出《で》ますように」

毎日《まいにち》、祈《いの》るような気持《きも》ちでした。


浣腸《かんちょう》をしてから2、3日《にち》経《た》った日《ひ》の夕方《ゆうがた》。

ぼくはいつものようにヒコボシを散歩《さんぽ》に連《つ》れだしました。

この日《ひ》は獣医《じゅうい》さんもいっしょに、ヒコボシのことを話《はな》しながら歩《ある》いていました。

8月《がつ》も下旬《げじゅん》になると、日《ひ》が落《お》ちるのが早《はや》くなります。

うす暗《ぐら》くなりかけた夕空《ゆうぞら》の下《もと》。

ヒコボシは、ぼくの足《あし》にじゃれつきながら歩《ある》いていましたが、不意《ふい》に草《くさ》のしげみに入《はい》っていきました。

「おや、なにか見《み》つけたのかな」

ぼくは、獣医《じゅうい》さんと顔《かお》を見合《みあ》わせました。

「いや、もしかしたら……」

せっかくのチャンスに、じゃまをしてはいけません。
ヒコボシに気《き》づかれないように注意《ちゅうい》しながら、そっとしげみをのぞいてみました。
「ああ、やっぱり！」
ヒコボシはしげみの中《なか》でおしりを下《さ》げて、ぐっとふんばるような姿勢《しせい》をとっています。
うんちをしようとがんばっているんだ！
それは、長《なが》らく待《ま》ちこがれた瞬間《しゅんかん》でした。

がんばれ！
がんばれ、ヒコボシ！
ぼくたちは息《いき》をひそめて、静《しず》かにヒコボシが出《で》てくるのを待《ま》ちました。

10分《ぷん》ほど経《た》ったでしょうか。
ようやくヒコボシが、しげみからピョコンと出《で》てきました。
ぼくは入《い》れ違《ちが》いに、しげみにかけこみます。

しゃがみこみ、目《め》をこらしてあたりを見回《みまわ》すと。
……あった！
小《ちい》さな、コロッとした丸《まる》いうんちがあったのです！
ぼくは、それをじっと見《み》つめました。
長《なが》い間《あいだ》、胸《むね》の奥《おく》にあった重《おも》いかたまりがとけていくようでした。
がんばったね、ヒコボシ……。
もうこれで、大丈夫《だいじょうぶ》だね！
ヒコボシが誕生《たんじょう》してから、一番《いちばん》うれしかったのはこのときかもしれません。
ぼくは、うんちを拾《ひろ》うと、手《て》を上《あ》げて獣医《じゅうい》さんに見《み》せました。
「出《で》ましたよ！」
「おお、ついにやったか。よかったなあ！」
獣医《じゅうい》さんも満面《まんめん》の笑《え》みをうかべています。
うんちひとつでこんなに感動《かんどう》するなんて、思《おも》ってもみませんでした。

でも、生《い》き物《もの》にとって、ごはんを食《た》べてうんちを出《だ》すのはとても大切《たいせつ》なことなのです。
当《あ》たり前《まえ》のようですが、これこそ健康《けんこう》の証拠《しょうこ》なのです。
ヒコボシが初《はじ》めて自分《じぶん》の力《ちから》でしたうんちは、宝石《ほうせき》のようにかがやいて見《み》えました。
このうんちは、大《おお》きな記念《きねん》です。
うんちを持《も》って帰《かえ》って写真《しゃしん》をとりました。
さらに、袋《ふくろ》に入《い》れてしばらく獣医室《じゅういしつ》に置《お》いて眺《なが》めていたほどです。
ぼくにとっては、それくらい大《おお》きなできごとでした。
「なんだ、それは？」
と聞《き》かれると、
「これはヒコボシが初《はじ》めてしたうんちなんですよ」
と、胸《むね》を張《は》って説明《せつめい》をしていました。
この日《ひ》から、2、3日《にち》に一度《ど》はうんちが出《で》るようになりました。
本当《ほんとう》に、心《こころ》の底《そこ》からホッとしたものです。

4 ヒコボシのおひろめ

それからも、散歩《さんぽ》はずっと続《つづ》けていました。歩《ある》かせることは、足《あし》のためでもあったからです。

ヒコボシは生《う》まれたてのとき、左足《ひだりあし》が曲《ま》がっていました。獣医《じゅうい》さんが足《あし》のエックス線写真《せんしゃしん》をとって骨《ほね》のようすを調《しら》べましたが、たいしたことはないという診断《しんだん》でした。

「ふつうに歩《ある》かせていれば、成長《せいちょう》するにつれて治《なお》っていくだろう」

と言《い》われて、胸《むね》のつかえがとれました。

ぼくはガチョウの飼育《しいく》を担当《たんとう》したことがあったのですが、生《う》まれたばかりのガチョウの足《あし》が曲《ま》がっていることは、わりによくありました。意識《いしき》して歩《ある》かせるようにしていると自然《しぜん》によくなったので、そんなふうに治《なお》ってくれたらいいなと思《おも》っていました。

最初《さいしょ》のうちは、足《あし》のつめが内側《うちがわ》に曲《ま》がっていたために、歩《ある》くとその部分《ぶぶん》がこすれてしまっていました。

赤《あか》くすりむけていて、かわいそうでした。

でも、歩《ある》き方《かた》はふつうのマレーバクとかわりなく見《み》えました。

マレーバクは、水辺《みずべ》の生《い》き物《もの》です。

野生《やせい》のマレーバクは、森林《しんりん》の中《なか》でも川辺《かわべ》にすんでいます。

もともとは土《つち》やぬかるんだ地面《じめん》を歩《ある》く動物《どうぶつ》なのですから、かたい地面《じめん》で足《あし》がこすれてしまうのも、ある程度《ていど》は仕方《しかた》がないのかもしれません。

さいわい、ヒコボシの左足《ひだりあし》は獣医《じゅうい》さんの言《い》った通《とお》り、いつのまにか真《ま》っ直《す》ぐになり、ときには、元気《げんき》よく走《はし》り回《まわ》ったりもするようになりました。

おとなしい性格《せいかく》のマレーバクは、ふだんはゆっくり歩《ある》きますが、走《はし》ると意外《いがい》に速《はや》いのです。

散歩《さんぽ》の途中《とちゅう》、少《すこ》し離《はな》れたところから走《はし》ってきて、ぼくの足《あし》もとに飛《と》びこんでくることもありました。

抱《だ》きあげようとすると、ずっしりとした重《おも》みを感《かん》じます。

「うわぁ、ヒコボシ。おまえ、重《おも》くなったなあ」

生《う》まれたときは平均《へいきん》より小《ちい》さめだったヒコボシですが、順調《じゅんちょう》に成長《せいちょう》し、生後《せいご》1か月《げつ》のころには体重《たいじゅう》は12・5キロに増《ふ》えていました。

1か月《げつ》で、倍《ばい》くらいの重《おも》さになったわけです。

このころにはバナナやリンゴも食《た》べるようになっていました。

ちょっと前《まえ》まで、弱々《よわよわ》しくほにゅうびんを吸《す》っていたのが信《しん》じられません。

長《なが》くのびた口先《くちさき》をモグモグと動《うご》かしてごはんを食《た》べるようすを見《み》ていると、

「ずいぶん大《おお》きくなったんだなあ」

という実感《じっかん》がわいてきます。

バクは草食動物《そうしょくどうぶつ》ですから、生《う》まれつき立派《りっぱ》な歯《は》が生《は》えています。

野生《やせい》のバクは、かなり早《はや》くから草《くさ》を食《た》べると言《い》われています。

歯《は》はとても丈夫《じょうぶ》で、大人《おとな》のバクは、草《くさ》や野菜《やさい》のほかにかたい木《き》の実《み》も食《た》べるのです。

「そろそろ、動物園《どうぶつえん》でおひろめができそうだな」

9月《がつ》のなかば。

誕生《たんじょう》から約《やく》1か月半後《げつはんご》に、ヒコボシを初《はじ》めて一般公開《いっぱんこうかい》したときにはたくさんのお客《きゃく》さんがやってきました。

「わぁ、かわいい！」

「ウリボウみたいだね」

トコトコと歩《ある》き回《まわ》るヒコボシはみんなの注目《ちゅうもく》のまとでした。

「よかった……本当《ほんとう》によく元気《げんき》で育《そだ》ってくれた」

お母《かあ》さんのシンディーや、お父《とう》さんのトムと同《おな》じように、動物園《どうぶつえん》のマレーバク舎《しゃ》でくらすようになるまで、あとひと息《いき》というところまで来《き》ていました。

誕生《たんじょう》してからずっと、ぼくはできる限《かぎ》りヒコボシのそばにいるようにしてきました。

ヒコボシはなかなかの甘《あま》えん坊《ぼう》でした。

ごはんをあげて出《で》ていこうとすると、まるで『行《い》かないで』と言《い》うように、

『ピィ、ピィ』

と鳴《な》いたりするのです。

ついてこようとするけれど、柵《さく》を越《こ》えられなくてこまっていることもありました。

じっとこちらを見《み》あげているつぶらな瞳《ひとみ》を見《み》ていると、ぼくも離《はな》れるのがつらくなってしまいます。

「ごめんね、ヒコボシ。またあとで来《く》るからね」

ぼくは、すっかりお母《かあ》さんのような気持《きも》ちになっていました。

散歩《さんぽ》をしているときに、身体《からだ》をすりよせてくることもあります。

子犬《こいぬ》のようにじゃれてきたりするのも、かわいくて仕方《しかた》がありません。

ちょっと離《はな》れたところから、

おひろめのころのウリボウのようなヒコボシ

「ヒコボシ！」

と呼《よ》べば、うれしそうに走《はし》ってきます。

飼育員《しいくいん》にもかこまれて育《そだ》ってきましたから、人見知《ひとみし》りはしないほうです。

でも、ヒコボシはだれが呼《よ》んでもやってくるわけではありません。

大人《おとな》になれば、今《いま》のように甘《あま》えたりすることはなくなるとわかっているけれど。

ヒコボシにだれよりも信頼《しんらい》されていると思《おも》うと、心《こころ》の中《なか》にじんわりと温《あたた》かいものが広《ひろ》がっていくのでした。

5 ヒコボシの引《ひ》っ越《こ》しと新《あたら》しい担当《たんとう》

生後《せいご》2か月《げつ》になると、体重《たいじゅう》は早《はや》くも20キロをこえました。

ウリボウのような横縞《よこじま》もはん点《てん》も、うすくなりかけています。

半年《はんとし》も経《た》てば、この模様《もよう》はすっかり消《き》えて、大人《おとな》のマレーバクのような黒白《くろしろ》の身体《からだ》になるのです。

「この部屋《へや》はヒコボシにはせまくなったなあ」

そう感《かん》じはじめていた日《ひ》のこと。

「あっ」

見《み》ると、ヒコボシが柵《さく》に足《あし》をかけて倒《たお》しています。

前《まえ》は、この柵《さく》から出《で》られなくてこまっていたのに。

「いよいよ、ヒコボシもマレーバク舎《しゃ》に引《ひ》っ越《こ》しかな……」

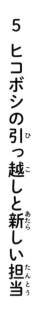

果物《くだもの》も野菜《やさい》もよく食《た》べて、もう少《すこ》しすればミルクも卒業《そつぎょう》。

うんちもふつうにできるようになり、足《あし》も真《ま》っ直《す》ぐになって。

でも、ぼくにはあとひとつだけ、心配《しんぱい》なことがありました。

「引《ひ》っ越《こ》しの前《まえ》に、ためしておかなくちゃ……」

ぼくは、プラスチックの大《おお》きなたらいを用意《ようい》して水《みず》を張《は》りました。

「さあ、ヒコボシ、ヒコボシ！」

ヒコボシはたらいをのぞくと、ためらわずに自《じ》分《ぶん》から水《みず》に入《はい》っていきました。

そして……。

身体《からだ》の模様《もよう》が白《しろ》と黒《くろ》にかわりはじめたころ

上手《じょうず》に、すいすいと泳《およ》いでいるのです！

「よかった……！」

本来《ほんらい》水辺《みずべ》にすむ野生《やせい》のマレーバクは、陸《りく》より水《みず》の中《なか》にいるほうが長《なが》いくらい泳《およ》ぎが得意《とくい》なのです。

マレーバク舎《しゃ》にも、もちろんプールがあります。

ぼくは、ヒコボシに泳《およ》ぐ練習《れんしゅう》をさせておきたかったのです。

「これまで、親《おや》のつもりでヒコボシを育《そだ》ててきたけど、泳《およ》ぎ方《かた》だけは教《おし》えることができないからなあ」

でも、だれに教《おそ》わらなくても、ヒコボシは本能的《ほんのうてき》に泳《およ》ぎ方《かた》を知《し》っていたのです。

生《い》き物《もの》ってすごい！

ぼくは、ヒコボシが気持《きも》ちよさそうに泳《およ》ぐ姿《すがた》に感動《かんどう》を覚《おぼ》えていました。

水面《すいめん》に長《なが》い鼻《はな》の先《さき》を出《だ》して呼吸《こきゅう》しているヒコボシの顔《かお》は、なんだか楽《たの》しそうに笑《わら》っているようにも見《み》えました。

「さあ、これでもう心配《しんぱい》はなくなったぞ」

いよいよ、お母《かあ》さんの役目《やくめ》も終《お》わりに近《ちか》づいていました。

マレーバク舎《しゃ》に、3つ目《め》の部屋《へや》ができました。

シンディー、トムとならんで、ヒコボシも自分《じぶん》の部屋《へや》でくらしはじめました。

ぼくがマレーバクの担当《たんとう》を離《はな》れることになったのはちょうどこのころでした。

さびしかったけれど、ヒコボシがマレーバク舎《しゃ》でくらせるようになったのだから、くぎりとしてはちょうどいいタイミングだと思《おも》うことにしました。

マレーバクの担当《たんとう》、最後《さいご》の日《ひ》。

ぼくは、ヒコボシにごはんをあげながら話《はな》しかけました。

「ヒコボシ。ぼくが来《く》るのは今日《きょう》で最後《さいご》だよ。明日《あした》からは、ほかの人《ひと》が世話《せわ》をしてくれるからね。いい子《こ》にするんだよ」

ヒコボシはこっちを見《み》ましたが、大好《だいす》きなリンゴに夢中《むちゅう》のようです。

「じゃあね。バイバイ……」

もちろん、ヒコボシにはお別《わか》れの言葉《ことば》なんて通《つう》じません。

いつでも会《あ》えるし、永遠《えいえん》の別《わか》れというわけではありませんが。

ヒコボシのことばかり考《かんが》えていた日々《ひび》は長《なが》く、担当《たんとう》を離《はな》れるのはやっぱりとてもさびしかったのです。


ぼくは今《いま》、ガチョウとバイソン、ワピチ（鹿《しか》）、ビーバーの飼育係《しいくがかり》をしています。

これまでにはタヌキ、アライグマ、チンパンジー、ホワイトタイガーやクマなどの担当《たんとう》も経験《けいけん》しています。

どの動物《どうぶつ》たちも大好《だいす》きですが、いちから育《そだ》てたヒコボシはやっぱり特別《とくべつ》な存在《そんざい》です。

約《やく》2か月間《げつかん》……1匹《ぴき》にあれほどぴったりと寄《よ》りそっていたことはありませんから。

今《いま》も、ぼくは毎日《まいにち》のようにマレーバク舎《しゃ》の前《まえ》を通《とお》ります。

「ヒコボシは元気《げんき》にしているかな」

姿《すがた》をチラッと見《み》るだけで、うれしいのです。

そして、ヒコボシもぼくのことを覚《おぼ》えていてくれます。

「ヒコボシ！」

呼《よ》べばキョロキョロして、ぼくの姿《すがた》をさがします！
4歳《さい》をすぎ、ヒコボシもすっかり大人《おとな》になりました。
もう『ピィ』とは鳴《な》きません。
『ピィ』は子《こ》どもの鳴《な》き声《ごえ》なのです。
そのかわりに今《いま》ではときどき、
『キャプ』
と、返事《へんじ》をしてくれます。
マレーバクがこんな声《こえ》を出《だ》すのは、機嫌《きげん》のいいときなんですよ。
ふりかえれば、ヒコボシとすごした2か月《げつ》は短《みじか》い時間《じかん》だったけれど。
本当《ほんとう》の親子《おやこ》のように気持《きも》ちが通《つう》じ合《あ》った。
そんな関係《かんけい》を築《きず》けたことは、ぼくにとっての宝物《たからもの》です。

そう遠《とお》くないうちに、ヒコボシもおよめさんをもらうことになるでしょう。

バク同士《どうし》のつきあい方《かた》を知《し》らないのがちょっと心配《しんぱい》ですが……いえ、ぼくはちょっとヒコボシのことを心配《しんぱい》しすぎなのかもしれません。

これでもお母《かあ》さんがわりだったのだから、それも仕方《しかた》ないですよね。

初《はじ》めてプールを見《み》たときにも、すいすい泳《およ》ぎ出《だ》したくらいですから、きっとヒコボシの中《なか》の本能《ほんのう》が、しぜんによい方向《ほうこう》に導《みちび》いてくれるはずです。

たまたま動物園《どうぶつえん》という環境《かんきょう》に生《う》まれたけれど、すてきな相手《あいて》と出会《であ》ってほしい。

いつか、ヒコボシの子《こ》どもを見《み》たいなあと思《おも》っています。

プール

赤《あか》ちゃん写真館《しゃしんかん》①

カピバラの親子《おやこ》。お母《かあ》さんに引《ひ》っついて気持《きも》ちよさそう

オシドリのヒナたちはみんなでひとやすみ

コモンリスザルの赤《あか》ちゃん。とても甘《あま》えん坊《ぼう》で、いつもお母《かあ》さんにべったり

第《だい》3章《しょう》 ヘビクイワシ

アフリカのサハラ砂漠《さばく》より南《みなみ》にいる鳥《とり》。えさを足《あし》で踏《ふ》んで気絶《きぜつ》させてから食《た》べる習性《しゅうせい》が特徴《とくちょう》です。

飼育員《しいくいん》

光山小夜子《こうやまさよこ》さん　飼育員歴《しいくいんれき》21年《ねん》

主《おも》な担当動物《たんとうどうぶつ》

ヘビクイワシ、ポニー、キツネなど

ヘビクイワシ飼育歴《しいくれき》４年《ねん》

1 美《うつく》しく、そして強《つよ》いヘビクイワシ

みなさんはヘビクイワシという動物《どうぶつ》を知《し》っていますか？

その個性的《こせいてき》な姿《すがた》は一度見《どみ》たら忘《わす》れられないでしょう。

後頭部《こうとうぶ》をかざる羽《はね》は、おしゃれなヘアアレンジをしたみたい。

真《ま》っ白《しろ》で、すそが黒《くろ》い翼《つばさ》のドレスからすらりと長《なが》い足《あし》がのびて……まるでバレリーナか、トップモデルのような美《うつく》しさ。

ところが、この足《あし》は、ヘビクイワシの強力《きょうりょく》な武器《ぶき》なのです。

ヘビクイワシは、アフリカの草原《そうげん》にすんでいる鳥《とり》です。

ワシなのに、空《そら》を飛《と》ぶよりも走《はし》るほうが得意《とくい》というのもかわっています。

好物《こうぶつ》のヘビを見《み》つけると、猛《もう》スピードで走《はし》っていって……。

大《おお》きな羽《はね》をバサッと広《ひろ》げて、まずは威嚇《いかく》。

ガガー

おどかすような声《こえ》を出《だ》します。

そして、細《ほそ》い足《あし》からは想像《そうぞう》できないような激《はげ》しいキックを浴《あ》びせるのです！

こうしてヘビを弱《よわ》らせ、立派《りっぱ》なくちばしでヘビをとらえて丸《まる》のみにします。

どうもうな毒蛇《どくへび》、コブラさえやっつけてしまう。

優雅《ゆうが》な見《み》かけによらない強《つよ》さの持《も》ち主《ぬし》なのです。

その名《な》の通《とお》りヘビを食《た》べますが、ヘビだけを食《た》べるわけではありません。

昆虫《こんちゅう》や、ネズミなどの小動物《しょうどうぶつ》も同《おな》じようにしてしとめます。

ワシの中《なか》でもとても珍《めずら》しい習性《しゅうせい》を持《も》つヘビクイワシ。

日本国内《にほんこくない》の動物園《どうぶつえん》では、10羽《わ》くらいしかいないと言《い》われています。

うちの園《えん》では、オスとメスを1羽《わ》ずつ飼育《しいく》しているので、ヘビクイワシの赤《あか》ちゃんを誕生《たんじょう》させることは大《おお》きな目標《もくひょう》になっていました。

さいわい、オスのバンダルとメスのプロアは、とても仲《なか》よしです。

春《はる》――日《ひ》が長《なが》くなったなぁと感《かん》じはじめるころが、鳥《とり》たちの繁殖《はんしょく》のシーズン。

ソワソワしてちょっと態度《たいど》が落《お》ち着《つ》かなくなってくるんですよ。

ヘビクイワシの場合《ばあい》、顔《かお》のオレンジ色《いろ》が濃《こ》くなり、いちだんとはなやかな雰囲気《ふんいき》になります。

そういう変化《へんか》を見《み》はからって、巣《す》を作《つく》る材料《ざいりょう》を準備《じゅんび》してあげるといいのです。

たくさんの木《き》の枝《えだ》をヘビクイワシ舎《しゃ》の中《なか》に置《お》いておくと、次《つぎ》の日《ひ》から2羽《わ》で協力《きょうりょく》してせっせと運《はこ》びはじめます。

野生《やせい》のヘビクイワシは高《たか》い木《き》の上《うえ》に巣《す》を作《つく》る習性《しゅうせい》があるのですが、バンダルはどうやら高《たか》いところが苦手《にがて》みたい。

プロアは、いつも高《たか》い岩《いわ》の上《うえ》にいるけれど……。

「どうするのかな？」

と思《おも》っていると。

次《つぎ》の日《ひ》には、地面《じめん》の上《うえ》に丸《まる》い巣《す》ができていました。

『あら、そんなところに巣《す》を作《つく》るつもり？　わたし、高《たか》いところにすみたいわ』

『地面《じめん》のほうが落《お》ち着《つ》くじゃないか。枝《えだ》を運《はこ》ぶのも楽《らく》だし』

『そうねぇ……じゃ、そうしましょうか』

2羽《わ》の間《あいだ》で、こんなやりとりがあったかもしれませんね。

プロアとバンダルは完成《かんせい》した巣《す》の中《なか》で、

『わたしたちの巣《す》ができたわね』

と、満足《まんぞく》げです。


交尾《こうび》が近《ちか》くなると、「鳴《な》きかわし」が始《はじ》まります。

首《くび》を振《ふ》りながらオスとメスが交互《こうご》に、相手《あいて》を呼《よ》んで鳴《な》く……鳴《な》きかわしは動物《どうぶつ》が行《おこな》う求《きゅう》愛《あい》の儀式《ぎしき》です。

いつもとは違《ちが》ったトーンの鳴《な》きかわしの声《こえ》が聞《き》こえてくると、わたしたち飼育員《しいくいん》は、

「ああ、赤《あか》ちゃんが見《み》られるといいなぁ」

と、期待《きたい》に胸《むね》をふくらませるのです。

初《はじ》めてプロアが産卵《さんらん》したのは、２０１４年《ねん》のことでした。

わたしがヘビクイワシの担当《たんとう》になって2年目《ねんめ》のときです。

「光山《こうやま》さん、卵《たまご》が生《う》まれてるよ！」

こう聞《き》いた瞬間《しゅんかん》は、本当《ほんとう》にうれしくてたまりませんでした。

でも、これは喜《よろこ》びであるとともに、

「これからどうする？」

というたくさんの悩《なや》みの始《はじ》まりでもあります。

卵《たまご》からヒナがかえり、無事《ぶじ》に育《そだ》つまでには多《おお》くのハードルがあるのです。

まず、卵《たまご》が生《う》まれたとしても、無精卵《むせいらん》の可能性《かのうせい》があります。

無精卵《むせいらん》ならば、いくら温《あたた》めても孵化《ふか》することはありません。

無精卵《むせいらん》か有精卵《ゆうせいらん》かを判断《はんだん》するには、簡単《かんたん》な方法《ほうほう》があります。

卵《たまご》が生《う》まれて1週間《しゅうかん》くらい経《た》ってから、暗《くら》い部屋《へや》で卵《たまご》にライトを当《あ》てて中《なか》をすかして見《み》るのです。

卵《たまご》には、卵白《らんぱく》と卵黄《らんおう》がありますね。

卵白《らんぱく》の外側《そとがわ》に血管《けっかん》が走《はし》っているのが見《み》えれば、有精卵《ゆうせいらん》だとわかります。

日数《にっすう》が経《た》って育《そだ》っていくと、卵《たまご》のなかみは透明《とうめい》ではなくなり、ライトを当《あ》ててもなにも見《み》えなくなります。

運《うん》よく有精卵《ゆうせいらん》であったとして……卵《たまご》からヒナがかえるまでには平均《へいきん》41〜49日《にち》ほどかかります。

心配《しんぱい》なのは、かえるまでに卵《たまご》がダメになるケースです。

巣材《すざい》が当《あ》たって穴《あな》があいてしまうこともあります。

ヘビクイワシの夫婦《ふうふ》は卵《たまご》をオス、メス交代《こうたい》で温《あたた》めますが、親《おや》が交代《こうたい》するときに足《あし》が当《あ》たって卵《たまご》が転《ころ》がり、巣《す》の外《そと》に落《お》ちて割《わ》れてしまうことも。

ちょっとヒビが入《はい》ったくらいでも、ダメです。

ですから、ごはんのときや、たまに2羽《わ》がそろって巣《す》を離《はな》れる短《みじか》いすきを見《み》はからって、卵《たまご》のようすをチェックします。

「よかった、ヒビは入《はい》ってない！」

毎日《まいにち》確《たし》かめては、ホッとするのです。


ところが……。

このときはヒナが生《う》まれたものの、生後《せいご》3日目《かめ》に、死《し》んだ姿《すがた》を発見《はっけん》するという結果《けっか》に終《お》わりました。

親《おや》の重《おも》さでつぶれてしまったのか、生《う》まれつき弱《よわ》かったのかはわかりません。

せっかくヒナが生《う》まれるところまでたどり着《つ》いたのに……。

死《し》んでしまう前《まえ》に取《と》りあげて、人間《にんげん》の手《て》で育《そだ》てるべきだったのか。

でも、途中《とちゅう》まではうまくいっていたのだし、本来《ほんらい》は親《おや》が育《そだ》てるのが一番《いちばん》だし……。

どんなに考《かんが》えても、正解《せいかい》は見《み》つかりません。

わたしたち飼育員《しいくいん》にできるのは、できる限《かぎ》り慎重《しんちょう》に観察《かんさつ》をして、必要《ひつよう》なときにベストの判断《はんだん》を選《えら》ぶこと。

ベストの判断《はんだん》ができるように、日《ひ》ごろからもっと勉強《べんきょう》をしておかなくては！

これをきもに銘《めい》じて、次《つぎ》のチャンスを待《ま》ちました。

プロアとバンダルの相性《あいしょう》がよく、有精卵《ゆうせいらん》を生《う》めるとわかったことは、大《おお》きな希望《きぼう》でした。

2 わたしたちで卵《たまご》をかえそう！

そして、次《つぎ》の年《とし》。
2015年《ねん》、6月《がつ》。
ありがたいことに、プロアはまた卵《たまご》を生《う》んでくれました！
さあ、どうする？
この時点《じてん》で預《あず》かって孵卵機《ふらんき》で人工的《じんこうてき》にかえすか。
それとも、去年《きょねん》と同《おな》じように親《おや》に任《まか》せるか。
ヒナが無事《ぶじ》にかえるまで待《ま》って……その後《あと》に預《あず》かる？
1週間《しゅうかん》ほどは、2羽《わ》に任《まか》せて温《あたた》めさせていました。
判断《はんだん》が必要《ひつよう》になったのはそんなときでした。

天気予報《てんきよほう》を調《しら》べると、次《つぎ》の日《ひ》はかなりの風雨《ふうう》になるというのです。
どうしよう？
卵《たまご》が水《みず》に浸《つ》かってダメになる危険《きけん》があるかもしれない……。
担当飼育員《たんとうしいくいん》を集《あつ》めて、緊急会議《きんきゅうかいぎ》を開《ひら》いた結果《けっか》。
「よし、今日《きょう》のうちに卵《たまご》を預《あず》かろう。わたしたちで、卵《たまご》をかえそう！」
ついに、こう決断《けつだん》をくだしたのです。
わたしはヘビクイワシ舎《しゃ》に入《はい》ると、しばらく待《ま》ちました。
そして……2羽《わ》が巣《す》を離《はな》れたすきに、そうっと卵《たまご》に手《て》をのばすと。
卵《たまご》には、まだ親鳥《おやどり》のぬくもりがほんのりと残《のこ》っていて、ドキンとします。
「ごめん、卵《たまご》を預《あず》からせてね。大切《たいせつ》に育《そだ》てて……必《かなら》ずヒナをかえすからね」
心《こころ》の中《なか》でつぶやいて、わたしは園内《えんない》の飼育《しいく》センターへと急《いそ》ぎました。
大事《だいじ》に持《も》ってきた卵《たまご》を、さっそく孵卵機《ふらんき》に入《い》れました。

卵《たまご》は冷《ひ》えると、死《し》んでしまうのですから。
孵卵機《ふらんき》は卵《たまご》をかえす専用《せんよう》の機器《きき》で、設定《せってい》した温度《おんど》を保《たも》つことができます。
「自動転卵《じどうてんらん》」という、卵《たまご》の向《む》きを定期的《ていきてき》に動《うご》かす機能《きのう》もついています。
鳥《とり》の親《おや》は、卵《たまご》をただ抱《だ》いて温《あたた》めているだけではないんです。
じつは、羽《はね》の下《した》で少《すこ》しずつ少《すこ》しずつ動《うご》かしているんですよ。
そうしないと卵《たまご》のカラの内側《うちがわ》にヒナの身体《からだ》がくっついてしまうからなんです。
乾燥《かんそう》も大敵《たいてき》なので、水《みず》を入《い》れた小《ちい》さい器《うつわ》を孵卵機《ふらんき》に入《い》れて、湿度《しつど》も調節《ちょうせつ》します。

親鳥《おやどり》が温《あたた》めていた7日間《かかん》を引《ひ》くと、あと1か月強《げっきょう》。
毎日《まいにち》、指折《ゆびお》り数《かぞ》えてその日《ひ》を待《ま》ちます。
いくら外《そと》から見《み》つめても、中《なか》でなにが起《お》こっているかはわからないけれど。
ニワトリの卵《たまご》よりひとまわりほど大《おお》きいそれを、じっと見《み》つめる日《ひ》が続《つづ》きます。

そして……孵化《ふか》の予定日《よていび》がだんだんせまってきました。

孵卵機《ふらんき》では、これまで1時間《じかん》に1回《かい》くらい自動転卵《じどうてんらん》をしていましたが、この設定《せってい》をオフに。

1日《にち》に3、4回《かい》、手《て》でちょっと動《うご》かしてあげます。

「明日《あした》かあさってには生《う》まれるかも……」

となると、もう動《うご》かすことはしません。

ヒナは、自分《じぶん》でカラを割《わ》って出《で》てきますよね。

さあ出《で》ようとしているときに卵《たまご》を回《まわ》したら体勢《たいせい》がかわってだいなしになってしまうかも。

床《ゆか》をつつくはめになっては出《で》てこられません。

ドキドキしながら卵《たまご》を眺《なが》め続《つづ》けて1か月《げつ》ほど経《た》ちました。

この中《なか》から、ヒナが生《う》まれてくるなんて、本当《ほんとう》に命《いのち》というものは不思議《ふしぎ》です。

マンガだったら、生《う》まれる直前《ちょくぜん》に卵《たまご》がコトコト動《うご》いたりするけれど……。

はたして元気《げんき》でいるのでしょうか……。

湿度《しつど》をはかるために孵卵機《ふらんき》を開《あ》けたとき、先輩《せんぱい》が言《い》いました。

「あ、ヒナのにおいがする！」

「え、卵《たまご》の外《そと》からでもわかるんですか？」

わたしもあわててクンクン鼻《はな》を動《うご》かします。

そういえば、少《すこ》しだけ……これまでにはなかったにおいを感《かん》じます。

たしかにヒヨコに近《ちか》いようなにおいがしたのです。

「これは、もうすぐだね」

先輩《せんぱい》がにっこりと笑《わら》いました。

ああ、待《ま》ち遠《どお》しい！　早《はや》く会《あ》いたい！

この卵《たまご》の中《なか》で、生《い》きてるんだね……。

ヒナが確実《かくじつ》に成長《せいちょう》している手《て》ごたえを、カラ越《ご》しに感《かん》じていました。

コンコン
コンコン

小《ちい》さな音《おと》に、わたしたちは耳《みみ》をそばだて、顔《かお》を見合《みあ》わせます。
始《はじ》まった！
ついに「はし打《う》ち」が始《はじ》まったのです。
はし打《う》ちとは、ヒナが卵《たまご》の内側《うちがわ》からくちばしでトントンつつくこと。
いよいよヒナが、カラを割《わ》ろうとしはじめたのです。
もう、飛《と》び上《あ》がるくらいうれしかった瞬間《しゅんかん》です！
「そうだ、湿度《しつど》を上《あ》げておかなくちゃ」
孵卵機《ふらんき》の中《なか》に入《い》れた水《みず》を増《ふ》やし、湿度《しつど》を高《たか》くします。
興奮《こうふん》のあまり、器《うつわ》を持《も》った手《て》が少《すこ》しふるえます。
カラにヒビが入《はい》りはじめたら湿度《しつど》を上《あ》げるのは、卵《たまご》の中《なか》を乾燥《かんそう》させないためです。
乾燥《かんそう》していると、出《で》てくるときに羽《はね》が卵《たまご》のカラにはりついてしまう危険《きけん》があるのです。
とはいえ、温度《おんど》や湿度《しつど》はどのくらいが最適《さいてき》かは、前例《ぜんれい》がないためわかりません。
国内《こくない》では、千葉市動物公園《ちばしどうぶつこうえん》が何度《なんど》かヘビクイワシの繁殖《はんしょく》に成功《せいこう》しています。
ただし、これはすべて自然繁殖《しぜんはんしょく》（親《おや》が育《そだ》てること）でした。

孵卵機《ふらんき》を使《つか》って孵化《ふか》させた例《れい》は、まだありません。

結局《けっきょく》、うちの園《えん》でガチョウを孵化《ふか》させたときの温度《おんど》や湿度《しつど》を参考《さんこう》にしました。

ヘビクイワシは高《たか》いところに巣《す》を作《つく》る性質《せいしつ》があることから考《かんが》えて、湿度《しつど》はガチョウより少《すこ》し低《ひく》めがいいかもしれない。

自分《じぶん》たちなりに推測《すいそく》してはみましたが、これでいいのかどうか。

本当《ほんとう》に、なにもかもが手探《てさぐ》りでした。

コンコン
コンコン

それにしてもとがったものでつつくような、意外《いがい》としっかりした音《おと》がするものです。

ヒナの上《うえ》のくちばしの先《さき》には、「卵歯《らんし》」という白《しろ》い小《ちい》さな突起《とっき》がついています。

その名《な》のとおり、卵歯《らんし》は卵《たまご》を割《わ》るためのものなのです。

卵歯《らんし》は成長《せいちょう》の途中《とちゅう》で、いつのまにかポロリと取《と》れてしまいます。

さあ、ついに表面《ひょうめん》が少《すこ》しずつ割《わ》れてきました。

といっても、ヒビが5ミリずつくらい、じりじりと広《ひろ》がっていく程度《ていど》なのですが。

卵《たまご》のカラって、けっこうかたいですよね。

あれを小《ちい》さなヒナが割《わ》るって……かなりの大仕事《おおしごと》だと思《おも》いませんか。

ヒビが入《はい》りはじめてからヒナが出《で》てくるまでに、長《なが》いと2日《か》ほどかかります。

ずっとそばで見《み》ているわけにはいきませんが、だいたい1時間《じかん》置《お》きに見《み》にいっていました。


ああ、もうちょっとで、くちばしが見《み》えそうなのに。

祈《いの》るような気持《きも》ちで眺《なが》めては、なかなかそばを離《はな》れられず……。

とりあえず、気《き》づいた変化《へんか》をノートに細《こま》かく記録《きろく》します。

途中《とちゅう》で力《ちから》がつきてしまうんじゃないかと心配《しんぱい》でなりません。

早《はや》く出《で》てきてほしい！

「この調子《ちょうし》だと、今夜《こんや》は出《で》てこないかもしれないね」

はし打《う》ちを始《はじ》めた日《ひ》には、あまりヒビが広《ひろ》がりませんでした。

夜《よる》になってしまったので、あきらめて帰《かえ》ることにします。

しかし、家《いえ》に帰《かえ》っても落《お》ち着《つ》きません！

「大丈夫《だいじょうぶ》かなぁ」

気《き》になってなかなか寝《ね》つけず、朝《あさ》は早《はや》く目《め》が覚《さ》めてしまいました。

出勤時間《しゅっきんじかん》よりもかなり早《はや》くかけつけましたが……。

「ああ、まだ出《で》てきてなかった……」

でも、割《わ》れたカラの間《あいだ》から少《すこ》しだけくちばしが見《み》えています。

そして……。

ピー　ピー

小《ちい》さな鳴《な》き声《ごえ》が聞《き》こえました！
親鳥《おやどり》を呼《よ》んでいるのです。
わたしもまねして返事《へんじ》をします。
「ピー、ピー」
赤《あか》ちゃん、がんばって！
早《はや》く、元気《げんき》な顔《かお》を見《み》せてちょうだい！

しばらくして、顔《かお》がちょっと見《み》えるくらいまではカラが割《わ》れてきました。
ところが、その後《あと》がなかなか進《すす》みません。
待《ま》っているわたしたちは、あせりはじめました。
ヒナはもう、だいぶ体力《たいりょく》を消耗《しょうもう》しているのではないか。
かなりの時間《じかん》が経《た》っているので、手助《てだす》けするこ

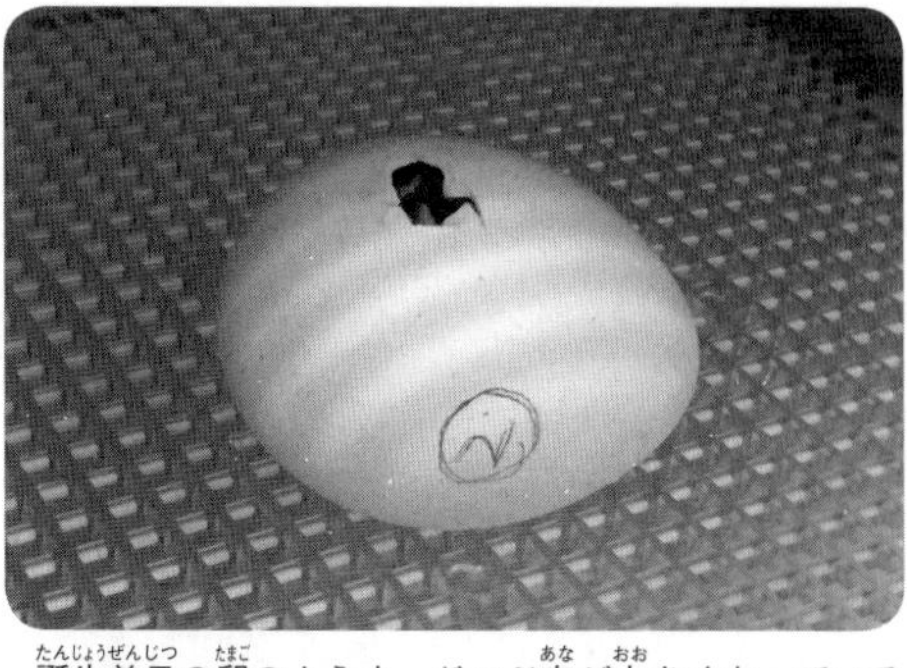

誕生前日《たんじょうぜんじつ》の卵《たまご》のようす。だいぶ穴《あな》が大《おお》きくなっている

とにしました。
卵《たまご》をやさしく手《て》に取《と》って。
鉛筆《えんぴつ》の軸《じく》の部分《ぶぶん》をそっと卵《たまご》の殻《から》に当《あ》てて、穴《あな》のまわりを一周《いっしゅう》、軽《かる》くヒビを入《い》れます。
ピリピリ、ピリ
これで出《で》てきやすくなったかな？

カラを割《わ》るのは親鳥《おやどり》も手助《てだす》けすることはあるけれど、出《で》てくる準備《じゅんび》ができているかどうかはヒナにしかわかりません。

引《ひ》っぱり出《だ》して、身体《からだ》を傷《きず》つけてしまったら大変《たいへん》です。

ここから先《さき》はヒナを待《ま》つばかり。


そして、いよいよその瞬間《しゅんかん》がやってきました。

3分《ぶん》の1ほど、カラが割《わ》れたころ……。

ゆっくり、ゆっくりと、

見《み》るからに弱々《よわよわ》しいヒナが姿《すがた》をあらわしました！

「出《で》た！」

「うわぁ、出《で》てきたよ！」

息《いき》をのんで見守《みまも》っていたわたしたちは、手《て》を取《と》り合《あ》って大騒《おおさわ》ぎ。

よくがんばったね。

よく出《で》てきてくれたね。

いろいろな感情《かんじょう》が押《お》し寄《よ》せて、涙《なみだ》があふれます。

卵《たまご》の中《なか》の世界《せかい》から外《そと》に出《で》てくる大変《たいへん》さが、見《み》ているだけでも身《み》にしみてくるようでした。

２０１５年《ねん》、８月《がつ》９日生《かう》まれの男《おとこ》の子《こ》。

「８」と「９」のごろあわせから、「パックンチョ」と名《な》づけました。

ヘビクイワシって、ごはんをひと口《くち》でパックンと飲《の》みこむんです。
パクパクいっぱい食《た》べて、元気《げんき》に育《そだ》ってほしい……そんな願《ねが》いもこめています。
ヘビクイワシの担当《たんとう》になって3年目《ねんめ》、ついにヒナをこの目《め》で見《み》ることができました。

3 パックンチョが立《た》った日《ひ》

ヒナは生後《せいご》2日《か》で目《め》が開《あ》き、次《つぎ》の日《ひ》にはもうわたしたちを目《め》で追《お》うようになりました。

鳥《とり》は、生《う》まれて初《はじ》めて見《み》たものを親《おや》だと思《おも》うそう。

わたしをママだと思《おも》ってくれてるかな？

まだ羽《はね》は生《は》えておらず、身体《からだ》はツルツルです。

あまりかわいらしいとは言《い》えない姿《すがた》ですが、ピイピイ言《い》いながら身体《からだ》を動《うご》かすしぐさが愛《いと》しくてたまりません。

人工育雛《じんこういくすう》の例《れい》がないために、おおいに悩《なや》んだのがごはんの量《りょう》です。

今度《こんど》は、同《おな》じ「猛禽類《もうきんるい》」であるフクロウのデータを参考《さんこう》にしました。

ごはんは1日《にち》に3、4回《かい》。

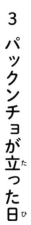

ピンクマウスを小《ちい》さく切《き》ったものを、ピンセットで口《くち》に運《はこ》びます。量《りょう》は少《すく》なめにして、ようすを見《み》ていくことにします。

それというのも、以前《いぜん》うちの園《えん》でフクロウの人工育雛《じんこういくすう》に取《と》り組《く》んだとき、「食滞《しょくたい》」で死《し》んでしまった例《れい》があると聞《き》いていたためです。

食滞《しょくたい》とは、人間《にんげん》でいう胃《い》の部分《ぶぶん》で、食《た》べたものが消化《しょうか》しきれず腐《くさ》ってしまうこと。赤《あか》ちゃんにとっては、ちょっとしたことが負担《ふたん》になるもの。そして、小《ちい》さなほころびが命《いのち》を危険《きけん》にさらすのです。

慎重《しんちょう》になって、なりすぎることはないでしょう。

たとえば、水《みず》のあげ方《かた》もずいぶん考《かんが》えました。

猛禽類《もうきんるい》は、水《みず》はそれほど飲《の》みません。

でも、パックンチョを育《そだ》てているのは、エアコンのある部屋《へや》なので乾燥《かんそう》しているかもしれない。

なやんだあげく、ごはんをちょっとしめらせたり、スポイト一滴《いってき》に満《み》たないくらい少量《しょうりょう》の水《みず》を与《あた》えるにとどめました。

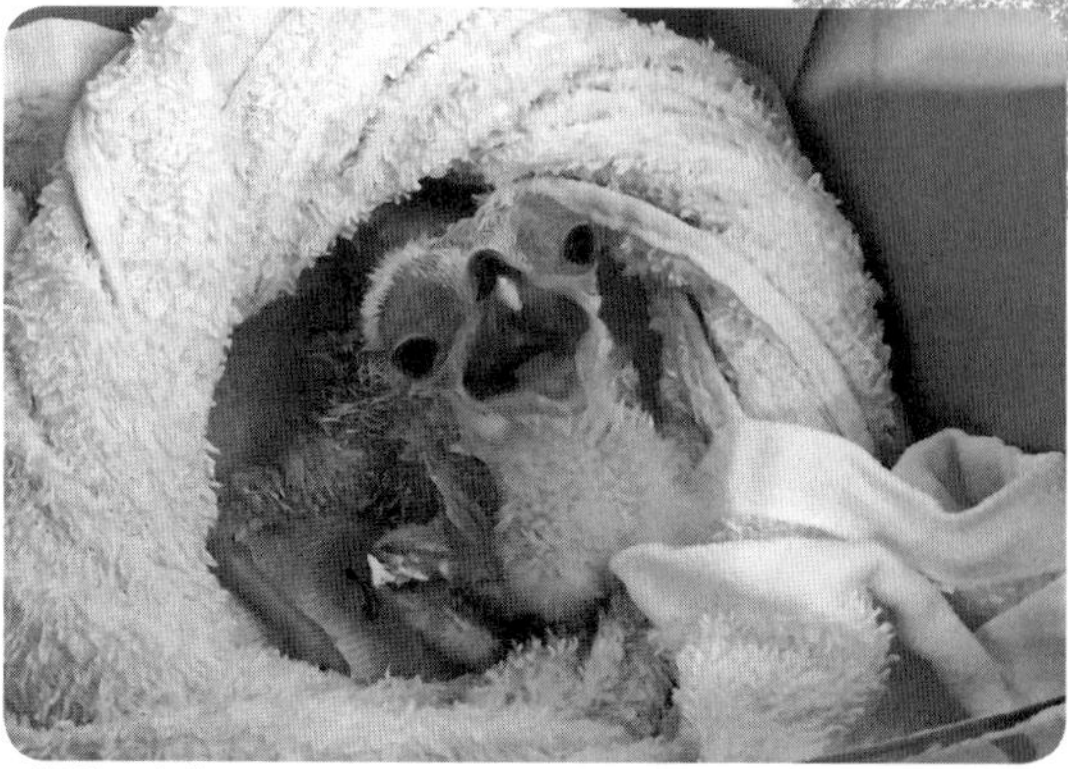

生後《せいご》3日《か》目《め》のパックンチョ

生後《せいご》4日《か》目《め》にごはんをもらうようす

何時《なんじ》に、なにをどのくらいあげたか、ごはんについては細《こま》かく記録《きろく》をつけました。

もちろん体重測定《たいじゅうそくてい》の結果《けっか》も。

万《まん》が一問題《いちもんだい》が起《お》きたときに検討《けんとう》するためには、データが重要《じゅうよう》だからです。

ピイピイ鳴《な》いて、もっとごはんを欲《ほ》しがるようすがあれば、ほんの少《すこ》しだけ足《た》してみます。

でも、「ほんの少《すこ》し」が多《おお》すぎれば命取《いのちと》りになるかもしれない。

そう思《おも》うと、気《き》が気《き》ではありません。

毎朝元気《まいあさげんき》な姿《すがた》を見《み》るまでは、心配《しんぱい》で心配《しんぱい》で……。

早《はや》く顔《かお》が見《み》たい一心《いっしん》で、ずいぶん早起《はやお》きになりましたね。

パックンチョのおうちは、小《ちい》さい段《だん》ボール箱《ばこ》です。
生後《せいご》2週間《しゅうかん》ほどで、人間《にんげん》でいう「ひざ立《だ》ち」をするようになりましたが、まだ活発《かっぱつ》に動《うご》

き回《まわ》るほどではありません。

そうそう、ヘビクイワシのひざは、人間《にんげん》のひざとは反対《はんたい》に曲《ま》がります。

ですから、ちょうどお座《すわ》りしているみたいに見《み》えるんです。

身体《からだ》もフワフワした羽《はね》におおわれて、かわいらしくなってきました。

生後《せいご》20日《か》ごろには、目立《めだ》ってまつげがのびてきました。

ヘビクイワシは目《め》がとっても大《おお》きいんですよね。

そこに、つけまつげのようにクルンとカールしたまつげが加《くわ》わると、なかなか迫力《はくりょく》のある美貌《びぼう》です。

「美人《びじん》だねぇ」

「女優《じょゆう》さんみたい!」

と、みんなにほめられていました。

おっと、パックンチョは男《おとこ》の子《こ》ですけどね……。

早《はや》い時期《じき》から日課《にっか》にしたのは、日光浴《にっこうよく》です。

段《だん》ボール箱《ばこ》に入《はい》ったまま外《そと》へ出《で》て日《ひ》なたぼっこ

もちろん天気《てんき》や気温《きおん》と相談《そうだん》しながらですが。

パックンチョを段《だん》ボールごと外《そと》に運《はこ》び出《だ》し、15～30分《ぷん》くらい、太陽《たいよう》の光《ひかり》を浴《あ》びさせます。

日光浴《にっこうよく》を取《と》り入《い》れることにしたのは、体内《たいない》でカルシウムが生成《せいせい》されるためには、太陽《たいよう》の光《ひかり》に当《あ》たることが必要《ひつよう》だからです。

このころ一番《いちばん》気《き》にしていたのは、パックンチョがちゃんと立《た》てるようになるか。

なにしろヘビクイワシの足《あし》はツルのように細《ほそ》くて長《なが》いのです。

身体《からだ》の成長《せいちょう》は早《はや》く、ぐんぐん大《おお》きくなるのがかえって不安《ふあん》に思《おも》えてきました。

成長《せいちょう》のわりに、立《た》てるようになるのは遅《おそ》いんじゃないの？

いや、細《ほそ》い足《あし》で立《た》ちあがるのは大変《たいへん》なことだから、当然《とうぜん》なのかも。

いつ、きちんと立《た》ちあがれるのかな？

もし、立《た》てなかったらどうしよう……。

同《おな》じ心配《しんぱい》が、頭《あたま》の中《なか》をグルグル回《まわ》ります。

ヘビクイワシにとっては、足《あし》が命《いのち》。

猛禽類《もうきんるい》にくわしいスタッフが、

「大《おお》げさに言《い》えば、ヘビクイワシは両方《りょうほう》の羽《はね》がなくても、飛《と》べなくても、足《あし》さえしっかり立《た》てばいい。それくらい足《あし》が重要《じゅうよう》なんだ」

と言《い》っていたほどです。

丈夫《じょうぶ》な足《あし》に育《そだ》つようにと、せっせと日《ひ》に当《あ》てていました。

天気《てんき》がよい日《ひ》は、

「せっかくだから、もうちょっと」

と、一度屋内《どおくない》に引《ひ》っこめたパックンチョをまた出《だ》したり。

もちろん、外《そと》に出《だ》している間《あいだ》は目《め》が離《はな》せません。

まだ歩《ある》けないのですから、野良《のら》ネコやカラスに襲《おそ》われたりしたら、大変《たいへん》です。

どうしてもそばを離《はな》れなければならないときは、ネットをかけておきました。

それでも心配《しんぱい》で、用《よう》がすんだら急《いそ》いでもどっていましたっけ。

このころのわたしは、一日中《いちにちじゅう》パックンチョのことが頭《あたま》から離《はな》れませんでした。

パックンチョが初《はじ》めて立《た》ったときの感動《かんどう》は忘《わす》れられません。

ひざ立《だ》ちでちょこちょこ、あっちへこっちへ。

だいぶ器用《きよう》に動《うご》き回《まわ》るようになったなぁと思《おも》っていたある日《ひ》。

外《そと》で日光浴《にっこうよく》をしていたときでした。

動物園《どうぶつえん》の敷地内《しきちない》は、飼育員《しいくいん》やいろんな動物《どうぶつ》が行《い》き来《き》します。

パックンチョは首《くび》を長《なが》くのばしてキョロキョロしていました。

あとから考《かんが》えると、なにかを見《み》ようとしたのかもしれません。

不意《ふい》に、すっくと立《た》ちあがったんです!


「立《た》った!!」

パックンチョが立《た》った!

長《なが》い足《あし》が、きれいに真《ま》っ直《す》ぐのびています!

うれしくてうれしくて、涙《なみだ》がにじんできます。

「やったぁ、パックンチョが立《た》ったよ!」

「よかったね、よかったね！」

わたしは同僚《どうりょう》と手《て》を取《と》り合《あ》って喜《よろこ》びました。

人前《ひとまえ》だから我慢《がまん》したけれど、だれもいなかったらわあわあ泣《な》いていたかもしれないくらい、うれしかったんです。

同時《どうじ》に、心《こころ》からホッとしました！

この日《ひ》、パックンチョは一人前《いちにんまえ》のヘビクイワシに一歩《いっぽ》近《ちか》づいたのです。

あの瞬間《しゅんかん》は、今思《いまおも》い出《だ》してもジーンとして涙《なみだ》ぐんでしまいます。


それから、1日《にち》に数《かぞ》えるくらいですが、わりとひんぱんに立《た》つ姿《すがた》が見《み》られるようになりました。


こうなれば、しめたもの。

歩《ある》くようになるのも時間《じかん》の問題《もんだい》。

身体《からだ》を支《ささ》える力《ちから》がついていけば、どんどん歩《ある》くようになってくれるでしょう。

季節《きせつ》は秋《あき》から冬《ふゆ》へ……。

冷《つめ》たい風《かぜ》がふきはじめる12月《がつ》。

生後《せいご》4か月《げつ》となったパックンチョは、顔《かお》つきもだいぶかわりました。

くちばしがグッと前《まえ》に出《で》て、いかにもワシらしい顔《かお》に。

おさないヒナのおもかげは、うすれてきました。

歩《ある》く姿《すがた》にも危《あぶ》なっかしさがなくなりました。

ひょい、と小《ちい》さくジャンプすることもあります。

羽《はね》も立派《りっぱ》に生《は》えそろい、少《すこ》しだけ飛《と》ぶことだってできるのです。

いよいよ、飼育《しいく》センター内《ない》の部屋《へや》から、ヘビクイワシ舎《しゃ》にお引《ひ》っ越《こ》し。

つまりは、動物園《どうぶつえん》デビューです！

心配性《しんぱいしょう》の光山《こうやま》さんも、さすがにひと安心《あんしん》でしょう、って？

いえいえ、そんなことはありません。

だって、これまでとはまったく違《ちが》う、慣《な》れない環境《かんきょう》でくらすことになるのです。

それこそなにが起《お》こるかわからないでしょう？

危《あぶ》ないことがないように、しっかり目《め》を光《ひか》らせなくては。

わたしは、ヘビクイワシ舎《しゃ》の中《なか》をきびしい目《め》で見《み》わたしました。


まず、フェンスに目《め》の細《こま》かいネットを張《は》りました。

ヘビクイワシがジャンプしたときに、足《あし》がフェンスにはさまって死《し》んでしまったケースがあると聞《き》いていたからです。

想像《そうぞう》するだけで、かわいそうで胸《むね》が痛《いた》みます。

ほかにも、足《あし》がはさまりそうなところはないか念入《ねんい》りにチェックします。

足《あし》だけではありません。

ジャンプしたときに首《くび》が引《ひ》っかかるかも。

羽《はね》が引《ひ》っかかる可能性《かのうせい》だってある。

ヘビクイワシの動《うご》きを頭《あたま》に思《おも》い浮《う》かべ、想像《そうぞう》をふくらませます。

こんなことが起《お》こるかもしれない、と考《かんが》えては危《あぶ》なそうな場所《ばしょ》をひとつずつつぶしていきました。

身体《からだ》が大《おお》きくなったら安心《あんしん》というわけではありません。

過保護《かほご》かもしれませんが、動物園《どうぶつえん》という空間《くうかん》で命《いのち》を預《あず》かる以上《いじょう》、できることはなんでもしなくては！

努力《どりょく》をおこたったために、後悔《こうかい》はしたくないですから。


ヘビクイワシ舎《しゃ》では、両親《りょうしん》のバンダルとプロアと、パックンチョの飼育《しいく》スペースは分《わ》けていました。

スペースは植木《うえき》で仕切《しき》っているだけなので、のぞけば相手《あいて》が見《み》えるかも？

最初《さいしょ》のころは、親《おや》たちのほうがパックンチョに興味《きょうみ》を持《も》って、しきりにのぞいていましたが、もちろん親子関係《おやこかんけい》であることはわかっていません。

『あの子《こ》はだれ？』

生後《せいご》115日《にち》。しっかりとして大人《おとな》に近《ちか》づいてきた

『少《すこ》し小《ちい》さいけどぼくたちとにているな』

くらいの感想《かんそう》ではないでしょうか。

パックンチョのほうはというと、初《はじ》めて親鳥《おやどり》を見《み》たら驚《おどろ》くかと思《おも》っていたのですが、意《い》外《がい》に冷静《れいせい》でした。

そもそも、自分《じぶん》の姿《すがた》を見《み》たことがないので、

『自分《じぶん》とそっくりの鳥《とり》がいる!?』

という驚《おどろ》きを感《かん》じていないのかもしれません。

こわがって逃《に》げるとか、親愛《しんあい》の情《じょう》を示《しめ》して鳴《な》くといったこともありませんでした。

4 日本初《にほんはつ》！ 人工育雛成功《じんこういくすうせいこう》のごほうび

「光山《こうやま》さん、本当《ほんとう》によくやってくれたね」

「ありがとうございます！」

２０１６年《ねん》、２月《がつ》。

パックンチョが誕生《たんじょう》してから、ちょうど半年経《はんとした》った日《ひ》。

わたしたち、パックンチョの飼育担当《しいくたんとう》チームは、日本初《にほんはつ》のヘビクイワシの人工育雛《じんこういくすう》に成《せい》功《こう》したことを認《みと》められ、日本動物園水族館協会《にほんどうぶつえんすいぞくかんきょうかい》から「繁殖賞《はんしょくしょう》」をいただきました。

人工育雛《じんこういくすう》に切《き》りかえたときから、

「無事《ぶじ》に半年育《はんとしそだ》てば、繁殖賞《はんしょくしょう》だね」

と、声《こえ》をかけられるようになっていました。

ヒナが孵化《ふか》すると、ますます周囲《しゅうい》からの期待《きたい》は高《たか》まりました。

日本《にほん》で初《はじ》めてのことですから、ぜひ成功《せいこう》させたいと思《おも》いましたが、大《おお》きなプレッシャーも感《かん》じていました。

それだけに、まわりの人《ひと》たちも期待《きたい》を寄《よ》せながらも気《き》をつかってくれました。

あれこれ口出《くちだ》しして混乱《こんらん》することがないよう、思《おも》いきって現場《げんば》のわたしたちに任《まか》せてくれていたと思《おも》います。

もちろん、園《えん》の先輩方《せんぱいがた》にアドバイスを求《もと》めれば、こころよく教《おし》えてくれ、はげましてくれました。

よその動物園《どうぶつえん》の方々《かたがた》にもお世話《せわ》になりました。

決《けっ》してわたしたちの力《ちから》だけではありません。

でも、この半年《はんとし》、寝《ね》ても覚《さ》めてもパックンチョのことばかり考《かんが》えてきましたから……こんなごほうびをもらえたのは、とてもうれしいことでした。

このころには、パックンチョもすっかりヘビクイワシ舎《しゃ》の環境《かんきょう》に慣《な》れて、元気《げんき》にすごしていました。

半年間《はんとしかん》、長《なが》かったですね……。

今《いま》となっては笑《わら》い話《ばなし》のようですが、ヒナが生《う》まれてから半年間《はんとしかん》、わたしは縁起《えんぎ》が悪《わる》いと言《い》われていることはしないようにしていたんです。

たとえば、日誌《にっし》を書《か》いているとき。

赤《あか》ボールペンで名前《なまえ》を書《か》きそうになったときに、手《て》が止《と》まります。

「赤《あか》で人《ひと》の名前《なまえ》を書《か》くものじゃない」

っておばあちゃんが言《い》ってたな、と思《おも》い出《だ》して。

ふつうなら、まず気《き》にしないで書《か》いてしまうのですが。

「洗濯物《せんたくもの》を夜《よる》ほしちゃいけない」とか、そういうことが気《き》になってしまうんです。

縁起《えんぎ》の悪《わる》いことをして、万《まん》が一《いち》あの子《こ》が死《し》んじゃったらどんなに後悔《こうかい》するだろうと思《おも》うと……。

ただでさえ日々《ひび》不安《ふあん》でしょうがありませんでしたからね。

「心《こころ》がけをよくしますから、どうか神様《かみさま》、パックンチョをよろしくお願《ねが》いします」

という心境《しんきょう》だったんです。

「光山《こうやま》さん、お願《ねが》いがあるんですが……」

あるとき、アルバイトの男《おとこ》の子《こ》がこう切《き》り出《だ》してきました。

「ヘビクイワシ舎《しゃ》に入《い》れてもらえませんか？」

彼《かれ》はとても猛禽類《もうきんるい》が好《す》きで、ぜひ近《ちか》くで見《み》てみたいのだそうです。

さいわいパックンチョなら、人間《にんげん》に慣《な》れています。

そこで、さっそく彼《かれ》をパックンチョのところに連《つ》れていきました。

しばらくすると、パックンチョが近《ちか》づいてきて、歩《ある》き回《まわ》りはじめました。

そして、男《おとこ》の子《こ》の足《あし》もとをジロジロ眺《なが》めていたかと思《おも》うと。

パン！

急《きゅう》に、男《おとこ》の子《こ》の足《あし》を強《つよ》くけったのです！

「うわぁっ！」

彼《かれ》は、はじかれたように飛《と》びのきました。

わたしもビックリです。

そして、次《つぎ》にハッとしたのです。

「けった！　パックンチョがけったよ！」

さて……なぜパックンチョが彼《かれ》の足《あし》をけったのかわかりますか？

その男《おとこ》の子《こ》はスニーカーをはいていました。

動《うご》くたびに、スニーカーのひもが動《うご》いて……。

パックンチョには、それがヘビのように見《み》えたというわけなんです。

「すごいよ、パックンチョ！　けり方《かた》を教《おそ》わってもいないのに……生《う》まれつき、やり方《かた》を知《し》っていたんだねぇ」

わたしは、すっかり感心《かんしん》してしまいました。

このことは、少《すこ》し気《き》になっていたんです。

ヘビクイワシといえば、キックが最大《さいだい》の武器《ぶき》。

せっかく強《つよ》い足《あし》を持《も》っているのに、それを知《し》らないのはもったいない。

「ヘビクイワシって、こうやってけるんだよ。ほら、まねしてごらん」

と、わたしが教《おし》えたほうがいいのかなと思《おも》っていたんですよ。

たとえばウグイスは『ホーホケキョ』と鳴《な》きますが、あれは親《おや》が教《おし》えないと鳴《な》けるようにならないんです。

まず親《おや》がお手本《てほん》を示《しめ》して、子《こ》どもに、

「さあ、やってみなさい」

と、うながします。

練習《れんしゅう》させるうちに、上手《じょうず》に鳴《な》くようになるのです。

ヘビクイワシがヘビをけるのは本能《ほんのう》だったんだ。

遺伝子《いでんし》にきざみこまれているんだなぁ。

わたしたち飼育員《しいくいん》はふだん長《なが》ぐつをはいているので、パックンチョはくつのひもを見《み》たことがなかったんですね。

見慣《みな》れない「長《なが》くて動《うご》くもの」を見《み》て、

『なんだこいつ、やっつけてやる！』

と、思《おも》ったのでしょう。

思《おも》いがけず、貴重《きちょう》な場面《ばめん》を見《み》られてラッキーでした。

男《おとこ》の子《こ》に、

「あのね、動画《どうが》にとりたいから……もう一回《いっかい》パックンチョにけらせてくれないかな」

とお願《ねが》いしました。

わたしって、親《おや》バカでしょうか？


その後《あと》にも、決定的《けっていてき》な瞬間《しゅんかん》を目撃《もくげき》したことがあります。

パックンチョが舎内《しゃない》で見《み》つけたハサミムシを何度《なんど》もけりつけて、食《た》べていたんです。

へえ、やっぱりこういうの食《た》べるんだ!!

ヘビクイワシが昆虫《こんちゅう》を食《た》べるのは不思議《ふしぎ》でもなんでもないのですが……。

秘《ひ》めた野生《やせい》の一面《いちめん》を見《み》た気《き》がしました。

お坊《ぼっ》ちゃん育《そだ》ちなので、慣《な》れないものを食《た》べて、おなかを壊《こわ》さないかなあと思《おも》いましたが、心配《しんぱい》はないようですね。

そういえばパックンチョの親《おや》たちは、角切《かくぎ》りのお肉《にく》をけってから食《た》べていたことがありましたっけ。

動物《どうぶつ》の習性《しゅうせい》っておもしろいですね。

5 大《おお》きくなっても甘《あま》えん坊《ぼう》

最近《さいきん》はパックンチョもすっかり大人《おとな》っぽくなりました。

大人《おとな》になったのか、反抗期《はんこうき》のようなものなのか。

以前《いぜん》にくらべると、触《さわ》られるのをいやがるようになってきました。

おかげで今《いま》は体重《たいじゅう》をはかるのも、大仕事《おおしごと》です。

「パックンチョ、ちょっとおとなしくして」

と言《い》いながら、両手《りょうて》でグワッとつかまえ、足《あし》をたたむようにして抱《だ》いて……。

バタバタ暴《あば》れるパックンチョを持《も》ったまま、体重計《たいじゅうけい》に乗《の》っています。

小《ちい》さいころは、わたしを見《み》つけると遠《とお》くからトコトコ歩《ある》いてきて、目《め》の前《まえ》でペタンと座《すわ》ったりしたものですが。

あんなにあどけない時期《じき》はもうもどってこないんですね。

そうはいっても、パックンチョはまだずいぶん甘《あま》えん坊《ぼう》なところが残《のこ》っています。
『ピイピイ』
と鳴《な》くのは、甘《あま》えているとき。
ちなみに、鳴《な》き声《ごえ》は小《ちい》さいころから主《おも》に2種類《しゅるい》を使《つか》い分《わ》けています。
こわがっているときや機嫌《きげん》がわるいとき、威嚇《いかく》するときは、
『ガガガ』
『ゲゲッ』
のような声《こえ》を出《だ》します。
「パックンチョ、ごはんだよ」
と、わたしが顔《かお》を出《だ》すと、ヒナのころのようなとびきりかわいい鳴《な》き声《ごえ》を出《だ》します。
「はい、どうぞ」
お皿《さら》にお肉《にく》を置《お》いて、差《さ》し出《だ》すと。
パックンチョは自分《じぶん》で食《た》べようとしません。
『ねぇ、食《た》べさせてよ』

と言《い》うような顔《かお》をして、わたしを見《み》つめるんです。
そんなふうにされては、とても無視《むし》できません。
ピンセットで口《くち》に入《い》れてあげると、うれしそうにパクパク食《た》べるんですよね。
うーん、大人《おとな》なのか子《こ》どもなのか、よくわかりません。
やっぱり、今《いま》でもかわいいパックンチョです。
そろそろ自分《じぶん》で食《た》べてもらったほうがいいのかな？
ですが、自然繁殖《しぜんはんしょく》のヘビクイワシも、生後半年《せいごはんとし》くらいになっても親《おや》からごはんをもらう
そうなんですよ。
親《おや》もお肉《にく》を小《ちい》さくちぎってから口伝《くちづた》いで食《た》べさせたり、かなり世話《せわ》を焼《や》くとか。
もともと親《おや》が過保護《かほご》な性質《せいしつ》なのか、子《こ》どもが甘《あま》えん坊《ぼう》なのかはわかりませんが。
でも、パックンチョは、生後《せいご》10か月《げつ》でこれですからね。
そろそろ親離《おやばな》れしてもらわないと。
もしかすると、わたしが甘《あま》やかしすぎなのかもしれませんが……。

パックンチョのお母《かあ》さんは、その後《あと》もまた新《あたら》しい卵《たまご》を生《う》んでくれました。
今《いま》、ちょうど卵《たまご》を孵卵機《ふらんき》に入《い》れているところ。
そして今朝《けさ》。
待望《たいぼう》の「はし打《う》ち」が始《はじ》まったんです。

コンコン
コンコン

「始《はじ》まった！」

「ドキドキするね！」

同僚《どうりょう》たちと顔《かお》を見合《みあ》わせ、うれしさを分《わ》かち合《あ》って……。

さあ、また期待《きたい》と不安《ふあん》がいっぱいの日々《ひび》の始《はじ》まりです。

もちろん縁起《えんぎ》の悪《わる》いことはいっさいしません！


ですが、パックンチョを育《そだ》てたときとは少《すこ》し違《ちが》います。

これまで10か月間《げつかん》、パックンチョを育《そだ》ててきた記録日誌《きろくにっし》が役立《やくだ》ってくれるからです。

温度《おんど》や湿度《しつど》の管理《かんり》、食事《しょくじ》の量《りょう》と体重《たいじゅう》の変化《へんか》のデータはしっかり残《のこ》してあります。

個体《こたい》によって体質《たいしつ》の違《ちが》いはありますから、油断《ゆだん》は禁物《きんもつ》ですが。

パックンチョを育《そだ》てたことで、少《すこ》しだけ自信《じしん》がついたのも事実《じじつ》です。

優雅《ゆうが》で、強《つよ》くて……その上《うえ》、とてもおもしろい特徴《とくちょう》を持《も》ったこの珍《めずら》しい鳥《とり》を、たくさんの人《ひと》に見《み》てもらいたい。

パックンチョのきょうだいが元気《げんき》に育《そだ》ってくれればいいな、と願《ねが》っています。

第《だい》4章《しょう》 フンボルトペンギン

ペルーやチリの海岸《かいがん》付近《ふきん》に生息《せいそく》しています。
野《や》生《せい》のフンボルトペンギンは数《かず》が減《へ》っています。

飼育員《しいくいん》

山田《やまだ》 篤《あつし》さん　飼育員歴《しいくいんれき》15年《ねん》

主《おも》な担当動物《たんとうどうぶつ》
ペンギン、オットセイ、
ライオンなど
フンボルトペンギン飼育歴《しいくれき》13年《ねん》

1 育児放棄《いくじほうき》されたミュウ

ぼくは、この動物園《どうぶつえん》で働《はたら》き始《はじ》めて15年《ねん》になります。好《す》きな動物《どうぶつ》は……「水《みず》の中《なか》を泳《およ》ぐ動《どう》物《ぶつ》」です。

最初《さいしょ》はラマの飼育《しいく》を担当《たんとう》していたのですが、念願《ねんがん》かなってペンギンの担当《たんとう》になって13年《ねん》。ペンギンについてはちょっとしたベテランになりました。

振《ふ》り返《かえ》れば、たくさんの新《あたら》しい命《いのち》の誕生《たんじょう》に出会《であ》いました。

そして、別《わか》れも経験《けいけん》しました。

ここではつねに30羽《わ》ほどのペンギンを飼育《しいく》していますが、どの子《こ》もかわいくて、思《おも》い出《で》がいっぱいあります。

初《はじ》めて動物園《どうぶつえん》に来《き》た人《ひと》は、なかなか見分《みわ》けがつかないかもしれませんね。

でも、じっくり観察《かんさつ》していると、違《ちが》いが見《み》えてくるんですよ。

身体《からだ》つきだけじゃありません、性格《せいかく》の違《ちが》いも。

人間《にんげん》と同《おな》じように、好奇心旺盛《こうきしんおうせい》な子《こ》もいれば、ちょっと引《ひ》っこみじあんな子《こ》も。おっちょこちょいや、しっかり者《もの》もいるんです。

ペンギンというと、南極《なんきょく》の氷《こおり》の上《うえ》でくらしている姿《すがた》を思《おも》い浮《う》かべる人《ひと》がほとんどではないでしょうか。

でも、実際《じっさい》は、寒《さむ》いところでくらしているペンギンのほうが少《すく》ないのです。

世界中《せかいじゅう》にすんでいるペンギンは18種類《しゅるい》に分類《ぶんるい》されますが、南極《なんきょく》にすんでいるのはそのうち数種類《すうしゅるい》です。

日本《にほん》に初《はじ》めてペンギンがやって来《き》たのは１００年《ねん》ほど前《まえ》。

ペンギンを連《つ》れ帰《かえ》ったのは、世界初《せかいはつ》の南極点到達《なんきょくてんとうたつ》を目指《めざ》した日本《にほん》の南極観測隊《なんきょくかんそくたい》です。

じつは南極点《なんきょくてん》には、日本《にほん》よりも先《さき》にノルウェーの観測隊《かんそくたい》が到着《とうちゃく》しており、目的《もくてき》は果《は》たせなかったのですが、その代《か》わりに彼《かれ》らはペンギンというすてきな〝おみやげ〟を持《も》って帰《かえ》ることになるのです。しかし、このときは剥製《はくせい》のペンギンでした。

ペンギンが動物園《どうぶつえん》の人気者《にんきもの》になるのは、第《だい》2次世界大戦後《じせかいたいせんご》のことです。人々《ひとびと》のくらしが豊《ゆた》かになり、生活《せいかつ》の中《なか》でレジャーが広《ひろ》がった時代《じだい》の象徴的《しょうちょうてき》な存在《そんざい》だったかもしれません。

ただし、南極《なんきょく》の氷《こおり》の中《なか》にすんでいるアデリーペンギンやコウテイペンギンは、日本《にほん》で育《そだ》てるのはむずかしいのです。

うちのペンギン舎《しゃ》で飼育《しいく》しているのは、オウサマペンギンとフンボルトペンギン。すらっと背《せ》が高《たか》くて黄色《きいろ》い模様《もよう》があるのが、オウサマペンギン。キングペンギンとも呼《よ》ばれます。

オウサマペンギンより小《ち》さくて、ずんぐりしているのがフンボルトペンギンです。胸《むね》に1本《ぽん》ラインが入《はい》っているのが特徴《とくちょう》です。

このフンボルトペンギンは、日本《にほん》の水族館《すいぞくかん》や動物園《どうぶつえん》では一番多《いちばんおお》く飼育《しいく》されているペンギンなのです。

もともとはチリやペルーといった南《みなみ》アメリカの国《くに》にすんでいるんですよ。日本《にほん》と同《おな》じ温帯気候《おんたいきこう》の出身《しゅっしん》というわけ。

だから、フンボルトペンギンは日本《にほん》では育《そだ》てやすいのです。

フンボルトペンギンに限《かぎ》らず、日本《にほん》の動物園《どうぶつえん》、水族館《すいぞくかん》ではペンギンの飼育《しいく》がとても盛《さか》んです。

なんと、今《いま》、世界《せかい》で飼育《しいく》されているペンギンの、4分《ぶん》の1が日本《にほん》で飼《か》われているそう。

これはもう「ペンギン大国《たいこく》」と言《い》っていいんじゃないかな!?

その理由《りゆう》は、気候《きこう》の相性《あいしょう》がよいだけではなく、ぼくたち日本人《にほんじん》が特別《とくべつ》にペンギンが好《す》きなせいだといわれます。

たしかに、テレビコマーシャルなどにもよく登場《とうじょう》しているし、ペンギンをデザイン化《か》したキャラクターだって、いろんなところで見《み》かけると思《おも》いませんか?

身体《からだ》が白《しろ》と黒《くろ》で、羽《はね》の先《さき》がツンととがっているのはタキシードを着《き》ているみたい。ちょうネクタイをつけたペンギンのキャラクターも多《おお》いです。

胸《むね》とおなかがまあるく張《は》り出《だ》したスタイルのかわいらしさ、トコトコと歩《ある》く姿《すがた》も、とてもユーモラス……。

人気《にんき》の理由《りゆう》はそんなところでしょうか。

このペンギン舎《しゃ》には、30羽《わ》ほどのフンボルトペンギンがいます。

群《む》れの中《なか》で、ペンギンは自然《しぜん》に結婚相手《けっこんあいて》を見《み》つけます。

恋《こい》のシーズンは、夏《なつ》が終《お》わるころ。

ぼくたち飼育員《しいくいん》は、ようすを見《み》て、ペンギン舎《しゃ》の奥《おく》にある部屋《へや》の中《なか》にわらや竹《たけ》の切《き》れ端《はし》を入《い》れてやります。

けがをしないように、とがった部分《ぶぶん》やささくれをはさみで切《き》るなど細《こま》かく気《き》をつかいます。

カップルになったオスとメスは、その材料《ざいりょう》を使《つか》って巣作《すづく》りを始《はじ》めます。気《き》に入《い》った場所《ばしょ》に、2羽《わ》で協力《きょうりょく》してせっせとわらを運《はこ》ぶ姿《すがた》はほほえましいものです。

卵《たまご》を生《う》むのは10月《がつ》から2月《がつ》ごろ。

ほとんどのメスが、1回《かい》の産卵《さんらん》で2個《こ》の卵《たまご》を生《う》みます。

卵《たまご》が生《う》まれると、オスとメスはかわりばんこに卵《たまご》を温《あたた》めます。

それはみごとなコンビネーションなんですよ。

メスがごはんを食《た》べるために卵《たまご》の上《うえ》からどくと、ちゃんとオスが交代《こうたい》にやってくる。

たいしたものだなぁと感心《かんしん》して眺《なが》めています。

ペンギンは卵《たまご》をかえすのが上手《じょうず》なので、動物園《どうぶつえん》でもほとんど親《おや》たちに任《まか》せっきりにしています。

とはいえ、抱《だ》きはじめてから30日《にち》くらいをすぎたころからは、ぼくたち飼育員《しいくいん》も毎日《まいにち》卵《たまご》のチェックをします。

卵《たまご》を温《あたた》めはじめて、およそ35～40日《にち》でヒナが生《う》まれてくるからです。

「ちょっと、ごめんね」

と、ペンギンを持《も》ちあげて、卵《たまご》に異常《いじょう》がないか確認《かくにん》するのです。

卵《たまご》にヒビが入《はい》りはじめてから、ヒナが外《そと》に出《で》てくるまでには２日《か》ほどかかります。

ぼくがペンギンの飼育担当《しいくたんとう》になって２年目《ねんめ》のことです。

「うーん、やっぱり体重《たいじゅう》が増《ふ》えてないなあ」

２００５年《ねん》、３月《がつ》のある日《ひ》。

卵《たまご》からかえって１週間《しゅうかん》ほどの女《おんな》の子《こ》の赤《あか》ちゃんペンギン、ミュウをのせた体重計《たいじゅうけい》の数字《すうじ》を、ぼくはじっと見《み》つめていました。

生《う》まれたときの体重《たいじゅう》は、70グラム。

これは平均的《へいきんてき》な数字《すうじ》です。

その後《あと》も順調《じゅんちょう》に、１週間《しゅうかん》で２００グラムまで増《ふ》えました。

ところが、2日連続《かれんぞく》で体重《たいじゅう》ののびがピタリと止《と》まってしまったのです。

「どうやら親《おや》がごはんをあげなくなったらしいな」

ペンギンのごはんは、アジなどの魚《さかな》です。

親《おや》は魚《さかな》を食《た》べて、一度《ど》はきもどしたものを口《くち》うつしで赤《あか》ちゃんに与《あた》えます。

ペンギンはとても成長《せいちょう》が早《はや》い生《い》き物《もの》で、目《め》に見《み》えてどんどん大《おお》きくなります。

3～4か月《げつ》もすれば体重《たいじゅう》は4～5キロ、体長《たいちょう》は50～60センチと、大人《おとな》と同《おな》じくらいの大《おお》きさになるのです。

2日間《かかん》、まるで体重《たいじゅう》が増《ふ》えないのは、ごはんをもらっていないとしか考《かんが》えられません。

最初《さいしょ》は親《おや》がちゃんとごはんをあげていたのに、途中《とちゅう》でやめてしまうのは、わりによくあることです。

なぜかはわかっていませんが、親《おや》が若《わか》く、子育《こそだ》てに慣《な》れていない場合《ばあい》に見《み》られるようです。

ともかく、こうなってはほうっておけません。

生《う》まれたての赤《あか》ちゃんが2日間《かかん》ごはんを食《た》べていないとしたら、大《だい》ピンチです。

このままごはんをもらえなければ、明日《あした》には死《し》んでしまうかもしれません。

そこで、ぼくはミュウを親《おや》たちから取《と》りあげて、人工育雛《じんこういくすう》をする決心《けっしん》をしたのです。


つぶらな瞳《ひとみ》でこっちをじっと見《み》ているミュウを、保育器《ほいくき》に入《い》れました。

じっと見《み》ているといっても、どのくらい見《み》えているのかはわかりませんが。

ペンギンの赤《あか》ちゃんは、生《う》まれた直後《ちょくご》、目《め》はとじています。

生後《せいご》4日目《かめ》くらいに目《め》が開《あ》いたときは、とてもうれしかったですね。

その瞬間《しゅんかん》を思《おも》い出《だ》すと、ぐっと胸《むね》がつまります。

今《いま》までたくさんの子《こ》の成長《せいちょう》を見《み》てきたけれど、だからといって喜《よろこ》びがうすれることはまったくありません。

小《ちい》さな命《いのち》が生《う》まれ、無事《ぶじ》に大人《おとな》になるのは決《けっ》して簡単《かんたん》なことではないのです。

それは自然界《しぜんかい》でも、動物園《どうぶつえん》でも同《おな》じこと。

フワフワしたグレーの羽《はね》におおわれていて、まだあまりペンギンらしくないこの子《こ》を、しっかり育《そだ》てなくては！

「さあ、ミュウ、ごはんにしようね。いっぱい食《た》べるんだよ」

親《おや》が与《あた》えるものとなるべく近《ちか》い状態《じょうたい》にするため、アジをミキサーにかけたものを用意《ようい》しました。

これをゴムの管《くだ》を取《と》りつけた注射器《ちゅうしゃき》に入《い》れて、そっとくちばしに入《い》れてみます。

少《すこ》しずつ流《なが》しこむと、ゴクンと飲《の》みくだす手《て》ごたえがありました。

ゴクン、ゴクン。

よし、飲《の》みこんでくれた！

おなかがすいていたんだね。

こんなに小《ちい》さなミュウだけど、生《い》きようという意思《いし》があるんだなぁ。

まだ手《て》の中《なか》におさまるくらい小《ちい》さな赤《あか》ちゃんの、一個《いっこ》の生命《せいめい》の重《おも》み。

それを肌《はだ》で感《かん》じるのは、こんなときです。

ところで、ミュウの誕生日《たんじょうび》は3月《がつ》19日《にち》。

この日《ひ》は「3・19」のごろあわせで「ミュージックの日《ひ》」なのだそうです。

そこから「ミュウ」という名前《なまえ》をつけました。

ヒナのころはフワフワした
やわらかい羽《はね》でおおわれている

2 フワフワのヒナから一人前《いちにんまえ》の姿《すがた》に

最初《さいしょ》のうちは、食事《しょくじ》は1日《にち》5回《かい》。
ミュウは、ぼくが顔《かお》を見《み》せると元気《げんき》よく鳴《な》くようになりました。
ピイピイピイ
『あ、ごはんをくれる人《ひと》が来《き》た』
と、覚《おぼ》えてくれたようです。
この声《こえ》を聞《き》くと、安心《あんしん》するんですよね。
声《こえ》が大《おお》きければ大《おお》きいほど、元気《げんき》がいいということ。
鳴《な》き声《ごえ》の大《おお》きさは、毎日《まいにち》の健康状態《けんこうじょうたい》をはかる重要《じゅうよう》なチェックポイントです。
ピイピイ鳴《な》くのは、
『おなかがすいたよ、ごはんをちょうだいよ』

というサイン。

次《つぎ》のごはんのときにまた鳴《な》けば、さっき食《た》べたものがちゃんと消化《しょうか》できて、次《つぎ》のごはんを食《た》べる準備《じゅんび》ができているということなのです。

ミュウはさいわい、いつも元気《げんき》に鳴《な》いてくれました。

それでも、心配《しんぱい》がまるでなかったわけではありません。

ぼくたち飼育員《しいくいん》が園《えん》にいるのは午前《ごぜん》8時《じ》から午後《ごご》6時《じ》の間《あいだ》なので、ごはんをあげるのはこの間《あいだ》に限《かぎ》られてしまいます。

実際《じっさい》に親《おや》が育《そだ》てているときは、これ以外《いがい》の時間《じかん》にもあげているかもしれないですよね。

ペンギンは暗《くら》くなればねむりますが、夜中《よなか》に目《め》が覚《さ》めてピイピイ鳴《な》いているかもしれない。

人間《にんげん》の赤《あか》ちゃんだって、夜中《よなか》に目《め》が覚《さ》めておっぱいを欲《ほ》しがることがあります。

といっても、一晩中《ひとばんじゅう》ついているわけにもいかないし……。

また、ごはんをたくさんあげるほどいいというものでもないのです。

欲《ほ》しがるだけあげていると、太《ふと》りすぎてしまう場合《ばあい》があります。

一般的《いっぱんてき》なペンギンの成長《せいちょう》データと照《て》らし合《あ》わせ、生《う》まれてからの日数《にっすう》と体重《たいじゅう》を見《み》ながら、注意深《ちゅういぶか》くごはんの量《りょう》を決《き》めることにしました。

ミュウは生後《せいご》10日《か》ほどで立《た》ちあがり、不器用《ぶきよう》ながら、ちょこちょこ動《うご》くようになりました。

ぼくは、週《しゅう》に2日休《かやす》みがあるのですが、休《やす》み明《あ》けにはいつもびっくりさせられたものです。

「ミュウ、また大《おお》きくなったなぁ」

たった2日会《かあ》わなかっただけなのに、大《おお》きくなっているんです。大《おお》げさではなく、本当《ほんとう》にそれぐらい違《ちが》いがあるのです。

保育器《ほいくき》がせまくなってきたので、生後《せいご》20日《か》ごろに引《ひ》っ越《こ》しすることに。事務所《じむしょ》の一角《いっかく》に、60センチ四方《しほう》くらいのスペースを作《つく》りました。まだそれほど歩《ある》き回《まわ》らないので、これくらいで十分《じゅうぶん》。

ペンギン舎《しゃ》の部屋《へや》の中《なか》で親《おや》が育《そだ》てるときも、これより小《ちい》さな巣《す》からほとんど出《で》ることがないのです。

床《ゆか》の上《うえ》に人工芝《じんこうしば》をしき、スペースのはじっこにヒーターをつるしました。

エアコンのように風《かぜ》が吹《ふ》き出《だ》すものではなく、じんわりとまわりが温《あたた》かくなるタイプです。

これなら一角《いっかく》はいつも温《あたた》かくしておけます。そして、もし暑《あつ》ければスペースの反対側《はんたいがわ》に移《い》動《どう》すればいいのです。

こんな工夫《くふう》をして、ミュウの新《あたら》しいおうちが完成《かんせい》しました。

ミュウはここで、すくすくと育《そだ》っていきました。
生後《せいご》1か月《げつ》をすぎたころには、体重《たいじゅう》は2キロくらいに。
成長《せいちょう》にともなって食事《しょくじ》の回数《かいすう》を減《へ》らし、このころは1日《にち》2回《かい》にしていました。
まだ大人《おとな》の半分《はんぶん》くらいの大《おお》きさですが、なかなかペンギンらしい体型《たいけい》になり、ぼくの動《うご》

きを目《め》で追《お》うようになってきました。

ごはん以外《いがい》のことにも興味《きょうみ》が出《で》てきたしるしです。

「ミユウ、そろそろ散歩《さんぽ》に行《い》こうか」

と声《こえ》をかけると、

『ピイピイ』

と、うれしそうに鳴《な》き声《ごえ》をあげるのがかわいくてたまりません。

よく動《うご》くようになってからは、日光浴《にっこうよく》をかねた散歩《さんぽ》が日課《にっか》になりました。

「親《おや》が育《そだ》てている場合《ばあい》は、わざわざ散歩《さんぽ》なんかしないし、必要《ひつよう》ないかな？」

とも思《おも》ったのですが、ちゃんと歩《ある》けているのか広《ひろ》い場所《ばしょ》でチェックする目的《もくてき》もあったのです。

ミユウがよちよち歩《ある》くのを、いろんな角度《かくど》から観察《かんさつ》します。

「よし、歩《ある》き方《かた》はちゃんとしているな」

体重《たいじゅう》が重《おも》すぎると、足《あし》の間《あいだ》が開《ひら》いて足《あし》を引《ひ》きずってしまうケースがあるのですが、どうやら心配《しんぱい》なさそうです。

それにしても、ペンギンは本当《ほんとう》に不思議《ふしぎ》な動物《どうぶつ》です。

背中《せなか》を真《ま》っ直《す》ぐにのばして二足歩行《そくほこう》する動物《どうぶつ》は、人間《にんげん》とペンギンくらい。

しかもペンギンは鳥《とり》で、羽《はね》があるのに飛《と》ばないで歩《ある》くのもおもしろい。

「じゃあ、なんのために羽《はね》があるの？」

とはよくある質問《しつもん》。

じつは、この羽《はね》は泳《およ》ぐときに役立《やくだ》つのです。

生後《せいご》３か月《げつ》をすぎると、ミュウの姿《すがた》は、かなりかわりました。

赤《あか》ちゃんのころのフワフワした羽《はね》は、いつのまにか全部抜《ぜんぶぬ》けてしまいます。

今《いま》では、ウェットスーツのように水《みず》をはじく、表面《ひょうめん》がつるっとした質感《しつかん》の羽《はね》に生《は》えかわっています。

「そろそろ、ぼくの手《て》を離《はな》れるときが近《ちか》づいてきたな……」

正直《しょうじき》、さびしい気持《きも》ちはありました。

でも、お客《きゃく》さんたちは「赤《あか》ちゃんペンギン」が見《み》られるのを楽《たの》しみに待《ま》っているのです。

赤《あか》ちゃんと呼《よ》べるのはほんの短《みじか》い期間《きかん》なのですから、1日《にち》も早《はや》く動物園《どうぶつえん》デビューさせなくちゃ！

ミュウをほかのペンギンたちがいるペンギン舎《しゃ》にもどす前《まえ》に、やっておかなければならないことがひとつありました。

「ミュウ、今日《きょう》は水《みず》に入《はい》る練習《れんしゅう》をするよ」

水《みず》を張《は》った子《こ》ども用《よう》のプールの前《まえ》で、ミュウはキョトンとしています。

自分《じぶん》から入《はい》っていこうとはしません。

身体《からだ》を持《も》ちあげて、ポンと中《なか》にほうりこむと……。

『ピイ……ピイピイ！』

ミュウがあんまりあわてているので、思《おも》わず笑《わら》ってしまいました。

「ごめんごめん、初《はじ》めてだからびっくりしたよね」

水《みず》の中《なか》で羽《はね》をバタバタ、水《みず》しぶきがはね上《あ》がります。

人間《にんげん》も、初《はじ》めて水泳《すいえい》を練習《れんしゅう》するときってこんな感《かん》じですよね。

しだいに水《みず》には慣《な》れてきましたが、スイスイ泳《およ》ぐというわけにはいかないようです。

「心配《しんぱい》ないよ。ミュウ、おまえは立派《りっぱ》なペンギンなんだから、大丈夫《だいじょうぶ》！」


初夏《しょか》の日《ひ》ざしが感《かん》じられるころ。

ぼくはミュウを連《つ》れて、ペンギン舎《しゃ》にやってきました。

これまでぼくをはじめ、人間《にんげん》の中《なか》でくらしてきたミュウが、初《はじ》めてたくさんのペンギンたちと出会《であ》う瞬間《しゅんかん》です。

ほかのペンギンたちが、ミュウのことを遠巻《とおま》きに見《み》ています。

ミュウは、不安《ふあん》そうにぼくのそばから離《はな》れません。

「さあ、ミュウ。プールに入《はい》ろうね」

ミュウをプールに入《い》れましたが、やっぱり見《み》るからに泳《およ》ぎは下手《へた》です。

すると、ほかのペンギンがスーッと近《ちか》づいてきました。

『見《み》かけない顔《かお》だな。おまえ』

と、ミュウをくちばしの先《さき》でつついています。

こうなるのは、ぼくにはわかっていました。

ちょっとかわいそうだけど、仕方《しかた》がありません。

「ミュウ、がんばれ！」

ぼくにできるのは見守《みまも》ることだけ。

『なんだ、新入《しんい》りか？』

さらに2羽《わ》、3羽《わ》とやってきたペンギンたちに追《お》い回《まわ》され、ミュウは逃《に》げようと必死《ひっし》です。

『なにするの？　ついてこないでよ！』

つつかれながら、ミュウは泳《およ》ぎはじめました。

あいかわらずぶかっこうな泳《およ》ぎだけど、けっこうスピードが出《で》ています。

そう、泳《およ》ぎが上手《じょうず》になるにはこれが一番《いちばん》の方法《ほうほう》なのです。

毎日《まいにち》こうやって泳《およ》いでいるうちに、すぐみんなと同《おな》じくらい上手《じょうず》になるはず。

プールから上《あ》がってきたミュウは、

『ひどいめにあったわ』

とでも言《い》うような顔《かお》で立《た》ちつくし、キョロキョロしはじめました。

ぼくをさがしているのです。

すぐにも近《ちか》づいていきたい気《き》持《も》ちをおさえて、少《すこ》し離《はな》れたところからようすを見《み》ていました。

ミュウは、ペンギンたちの群《む》れに近《ちか》づこうとはしません。

たくさんのペンギンを見《み》て、あらためてびっくりしているようです。

というより、どうしたらいいのかわからないのでしょう。

そもそも、ミュウにはあの群《む》れが自分《じぶん》と同《おな》じ仲間《なかま》だということさえもわかっていなかったと思《おも》います。

ごはんの時間《じかん》になり、ぼくがアジを入《い》れたバケツを取《と》りに行《い》ってもどってきたときも、ミュウはやっぱり群《む》れから離《はな》れたところでポツンとしていました。

ほかのペンギンたちはカップルや、仲《なか》よし同士《どうし》でグループを作《つく》っています。

幼鳥《ようちょう》のミュウ。羽《はね》も生《は》えかわってペンギンらしくなってきた

仲間《なかま》に入《はい》れないミュウが、かわいそうに見《み》えます。

でも、人《ひと》の手《て》で育《そだ》てた場合《ばあい》、いきなり群《む》れにもどしてもなじめないのは仕方《しかた》がないことなのです。

ごはんを食《た》べ終《お》わったペンギンたちがぼくのまわりからいなくなると、ようやくミュウがトコトコ歩《ある》いてきました。

ピイピイ！

ぼくがアジを差《さ》し出《だ》すと……。

ミュウはおいしそうに食《た》べています。

その姿《すがた》は、昨日《きのう》までとまったくかわりません。

ああ、よかった……！

ぼくは、ホッとため息《いき》をつきました。

まったく違《ちが》う環境《かんきょう》に置《お》かれて、ミュウはどんなに大《おお》きなストレスを感《かん》じていることでしょう。

でも、ごはんを食《た》べる元気《げんき》があれば、大丈夫《だいじょうぶ》！

やっていけるよね、ミュウ。
ぼくがペンギン舎《しゃ》の出口《でぐち》に向《む》かうと、ミュウはついてこようとします。
「ミュウ、だめだよ。今日《きょう》からおまえはここでくらすんだからね」
そう言《い》うと、気持《きも》ちが伝《つた》わったのか、ミュウは足《あし》を止《と》めました。
『行《い》っちゃうの？』
ミュウは甘《あま》えてぼくの足《あし》に身体《からだ》をすりよせてきます。
ぼくを見上《みあ》げるミュウの顔《かお》を見《み》ると、せつなくなります。
しかし、ミュウだけを特別《とくべつ》あつかいするわけにはいかないのです。
ぼくにできるのは少《すこ》しずつミュウが仲間《なかま》たちに慣《な》れていくことを信《しん》じるだけ――。

3 ミユウにおむこさんができた！

ペンギンはのんびり、おっとりしている……そんなイメージを持《も》っている人《ひと》は多《おお》いかもしれません。

ところが、ペンギンって、じつはけっこう気《き》が強《つよ》い動物《どうぶつ》なんです。

フンボルトペンギンは特《とく》にそう。

攻撃的《こうげきてき》ではないので、なにもしないのに向《む》かってくることはありません。

ただし、急《きゅう》に手《て》を出《だ》したりすると、かまれることがあります。

ペンギンはくちばしの横《よこ》と先端部分《せんたんぶぶん》がとても鋭《するど》く、軽《かる》くかまれただけでもカッターで切《き》ったようにすぱっと切《き》れてしまう。

そのため、

「ペンギンに触《さわ》りたい」

と言《い》うお客《きゃく》さんの声《こえ》になかなかこたえることができません。

園《えん》ではときどき、お客《きゃく》さんがペンギンにえさをあげるイベントを行《おこな》っています。

そんなときに活躍《かつやく》するのが、ミュウのように人《ひと》に慣《な》れているペンギンです。

ペンギン舎《しゃ》に人《ひと》が入《はい》ってくると、ミュウは喜《よろこ》んでパタパタ走《はし》ってきます。

人間《にんげん》にかこまれて育《そだ》ったので、初《はじ》めて会《あ》う人《ひと》でも人見知《ひとみし》りしないんです。

ペンギンのほうから寄《よ》ってきてくれるので、お客《きゃく》さんたちは大喜《おおよろこ》び。

「ミュウも楽《たの》しそうにしているなぁ」

そう思《おも》うと、ぼくはちょっと救《すく》われたような気持《きも》ちになるのでした。

その後《あと》もミュウは、ずいぶん長《なが》い間《あいだ》ペンギンたちになじむことができませんでした。

両親《りょうしん》とコミュニケーションすることもありません。

生《う》まれてわずか1週間《しゅうかん》ほどしかいっしょにいなかったので、おたがいに覚《おぼ》えていないのは当たり前。

顔《かお》を合《あ》わせても親子《おやこ》だとはわからないのです。

人間《にんげん》に育《そだ》てられたペンギンが、自然《しぜん》に群《む》れに交《ま》ざるようになるには、5〜10年《ねん》はかかります。

こればかりは、人間《にんげん》が手《て》を貸《か》すことはできません。

ペンギンの寿命《じゅみょう》は15〜20年《ねん》くらい。

たいていは3〜5歳《さい》くらいで夫婦《ふうふ》になる相手《あいて》を見《み》つけます。

ミュウにも、いつかそんな日《ひ》が来《く》るといいな。

そう思《おも》いながら、長《なが》い月日《つきひ》が経《た》っていました。

そして——ミュウが9歳《さい》をむかえた年《とし》のこと。

「あれっ？」

いつもポツンとひとりぼっちのミュウの近《ちか》くに、1羽《わ》のペンギンがいました。

これまで見《み》たことのない光景《こうけい》です。

「もしかすると……」

身体《からだ》の底《そこ》から喜《よろこ》びがわきあがって、ドキドキしてきます。

「いや、まだわからないぞ。たまたまかもしれないし」

期待《きたい》しすぎると、あとでがっかりするかもしれませんからね。

でも、これはぐうぜんではありませんでした。

それからもちょくちょく、ミュウがその子《こ》といっしょにいるところを見《み》かけるようになったのです。

ミュウと仲《なか》よくなったのは、ジュン。

両親《りょうしん》の手《て》で育《そだ》てられた、２歳《さい》の若《わか》いオスです。

そして……ついに決定的《けっていてき》な瞬間《しゅんかん》がやってきました。

アァー　アァー

グァー　グァー

ジュン

ミュウ

仲《なか》よしになったジュンとミュウ

ペンギン舎《しゃ》に大《おお》きな鳴《な》き声《ごえ》が響《ひび》きわたります。
聞《き》き慣《な》れない人《ひと》は驚《おどろ》くくらいの、大《おお》きな声《こえ》。
もしかして……と、ふり向《む》くと。

あっ！
鳴《な》きかわしをしているのはミュウとジュンじゃないか！
……やったぁ!!

鳴《な》きかわしとは、恋人同士《こいびとどうし》のコミュニケーションです。
おなかからしぼり出《だ》すような鳴《な》き声《ごえ》を出《だ》して、おたがいを呼《よ》び合《あ》うのです。
離《はな》れているときは、大《おお》きく、長《なが》く。
近《ちか》くにいるときは、短《みじか》くリズミカルに声《こえ》を出《だ》します。

ああ、これでミュウは本当《ほんとう》の意味《いみ》でペンギンの世界《せかい》にもどれたんだなぁ。

思《おも》わず、ぼくは空《そら》をあおいでいました。
ここまで、９年《ねん》。
だいぶ長《なが》くかかったけど、ミュウはペンギンたちを拒絶《きょぜつ》していたわけではなかった。
ミュウに、好《す》きな相手《あいて》ができた！
自分《じぶん》で、相手《あいて》を見《み》つけられたんだ！
そのことがうれしくて、涙《なみだ》がこみあげてきました。

よかったね、ミュウ！
幸《しあわ》せになるんだよ！

4 ミュウ最後《さいご》の晴《は》れ舞台《ぶたい》

「うん、ミュウは卵《たまご》をみごもっているね」
獣医《じゅうい》さんがおなかを触《さわ》ってみて、そう言《い》ったときはどんなにうれしかったでしょう。
でも、残念《ざんねん》ながら、ミュウの赤《あか》ちゃんを見《み》る夢《ゆめ》はかないませんでした。
卵《たまご》がつまって出《で》てこない状態《じょうたい》になり、結局《けっきょく》は死産《しざん》に終《お》わってしまったのです。
ペンギンにとって、このこと自体《じたい》はそれほど珍《めずら》しいケースではありません。
卵《たまご》がつまって死《し》んでしまうことも少《すく》なくないのです。

フンボルトペンギンはわりに身体《からだ》が丈夫《じょうぶ》ですが、それでも病気《びょうき》の心配《しんぱい》がないわけではありません。
フンボルトペンギンのふるさとである南米《なんべい》は、暑《あつ》い季節《きせつ》でも空気《くうき》が乾燥《かんそう》しています。

そこが、湿度《しつど》の高《たか》い日本《にほん》との大《おお》きな違《ちが》いです。

フンボルトペンギンはカビの少《すく》ない環境《かんきょう》にいたため、カビに対《たい》する抵抗力《ていこうりょく》が弱《よわ》いという性質《せいしつ》を持《も》っています。そのため、肺《はい》にカビの菌《きん》がたまって呼吸困難《こきゅうこんなん》におちいる病気《びょうき》にかかりやすいのです。

ですから、園《えん》では、梅雨《つゆ》や夏《なつ》の時季《じき》は特《とく》に注意《ちゅうい》しています。

そうはいってもカビの菌《きん》は、空気中《くうきちゅう》にたくさんあるもの。全部《ぜんぶ》なくすことは不可能《ふかのう》です。

ペンギンがすごしやすい自然《しぜん》の環境《かんきょう》を保《たも》ちながら、「清潔《せいけつ》にする」というさじかげんもむずかしいところ。

せめて、できるだけカビが発生《はっせい》しにくくなるような環境《かんきょう》づくりを心《こころ》がけています。

たとえば舎内《しゃない》の木《き》のムダな枝《えだ》は切《き》って、風《かぜ》が通《とお》りやすくする。

木《こ》かげも必要《ひつよう》なので切《き》りすぎてはいけませんが、枝《えだ》を減《へ》らすと風通《かぜとお》しがよくなるのです。

日本《にほん》はペンギンの飼育技術《しいくぎじゅつ》が高《たか》いといわれていますが、大切《たいせつ》な命《いのち》を預《あず》かるぼくたちは、たくさん勉強《べんきょう》して、できる限《かぎ》りの工夫《くふう》をしていかなければいけないと思《おも》っています。

ミュウは、卵《たまご》がつまった後《あと》に、体調《たいちょう》をくずしていました。

これがきっかけで病気《びょうき》になり――やがてごはんを食《た》べなくなってしまいました。

こうなってしまうと、ぼくたち飼育員《しいくいん》はもちろん、獣医《じゅうい》さんも助《たす》けることはできません。

日《ひ》に日《ひ》に弱《よわ》っていくミュウを、ぼくは歯《は》がゆい思《おも》いで眺《なが》めていました。

「ミュウ、もう一度《ど》元気《げんき》になってくれよ。せっかくジュンくんっていうすてきなパートナーができたばっかりじゃないか」

話《はな》しかけても、ミュウはもうあのかわいらしい鳴《な》き声《ごえ》で返事《へんじ》をする力《ちから》もありません。

それからしばらくして――ミュウは天国《てんごく》へ旅立《たびだ》ちました。

10歳《さい》の生涯《しょうがい》は長《なが》いとは言《い》えないけれど、せいいっぱいに生《い》きたミュウ。

たくさんの思《おも》い出《で》を残《のこ》してくれたミュウには「ありがとう！」という気持《きも》ちでいっぱい

です。

前《まえ》に、人工育雛《じんこういくすう》で育《そだ》ったペンギンは人《ひと》をこわがらないと言《い》いましたね。

そんなミュウのおかげで、ちょっと変《か》わったイベントを企画《きかく》することができたんですよ。

それは、2015年《ねん》、バレンタインの特別企画《とくべつきかく》として行《おこな》われた、「新婚《しんこん》ペンギン夫婦《ふうふ》と記念写真《きねんしゃしん》をとろう」というイベントです。

ペンギンは一度《ど》カップルになった相手《あいて》と、一生仲《いっしょうなか》よくそいとげます。

とても誠実《せいじつ》な性格《せいかく》なんです。

そんなペンギンの新婚《しんこん》カップル……ジュンとミュウといっしょに、永遠《えいえん》の愛《あい》をちかって記念写真《きねんしゃしん》をパチリ！

楽《たの》しそうでしょう？

たくさんのお客《きゃく》さんがやってきて、盛《も》りあがったのは言《い》うまでもありません。

「ジュンくんとミュウちゃんは本当《ほんとう》に仲《なか》よしなんですね」

と、みんなにかこまれて、ミュウもジュンもほこらしかったのではないでしょうか。

「へえ、9歳《さい》と2歳《さい》のカップルなんですね。こんな若《わか》くてカッコいいおむこさんを見《み》つけるなんて、ミュウちゃん、やるね！」

そんな声《こえ》も飛《と》び出《だ》しました。

まるでお客《きゃく》さんたちに結婚《けっこん》をおいわいしてもらったようで、ぼくにとっても幸《しあわ》せな1日《にち》だったことを覚《おぼ》えています。

5 ミュウたちペンギンはかっこいい！

ペンギン舎《しゃ》の前《まえ》には、今日《きょう》もお客《きゃく》さんがいっぱいです。

「見《み》て見《み》て、かわいい〜！」

ペンギンのちょっとしたしぐさに、かん声《せい》があがります。

かわいいと言《い》われるのはとてもうれしいのですが、ぼくはペンギンの魅力《みりょく》はそれだけではないと思《おも》っています。

ペンギンの飼育《しいく》を担当《たんとう》して13年《ねん》。

その中《なか》で気《き》づいたのは、ペンギンが泳《およ》ぐ姿《すがた》のかっこよさです。

もともと、ぼくは水《みず》の中《なか》の動物《どうぶつ》が大好《だいす》きで、水族館《すいぞくかん》につとめたいと思《おも》っていました。

動物園《どうぶつえん》では「泳《およ》ぐ動物《どうぶつ》の世話《せわ》をしたい」という希望《きぼう》がかない、ずっとペンギンやオットセイを担当《たんとう》しているんです。

ペンギンが陸《りく》をトコトコ歩《ある》く姿《すがた》からは想像《そうぞう》しにくいかもしれませんが、水中《すいちゅう》では時速《じそく》20キロくらいのスピードが出《で》るのです。

もっと速《はや》く泳《およ》ぐペンギンもいます。

野生《やせい》のペンギンは、海《うみ》の中《なか》で生《い》きた魚《さかな》を追《お》いかけて、くちばしでつかんで丸《まる》のみにする。

そんな勇《いさ》ましい一面《いちめん》も持《も》っているんですよ。


新幹線《しんかんせん》や飛行機《ひこうき》など速《はや》く移動《いどう》する乗《の》り物《もの》と、ペンギンの体型《たいけい》には共通点《きょうつうてん》があります。

それは、「流線型《りゅうせんけい》」をしていること。

先《さき》が少《すこ》しとがっていて……流《なが》れるような曲線《きょくせん》の

ラインとともに真《ま》ん中《なか》あたりがふくらんでいる。

乗《の》り物《もの》の場合《ばあい》、空気《くうき》の抵抗《ていこう》をなるべく受《う》けずに速《はや》く進《すす》めるように、あのようなデザインで設計《せっけい》されているのです。

ペンギンのゆるやかなおなかのカーブも、水《みず》の抵抗《ていこう》を受《う》けずに速《はや》く泳《およ》ぐための形《かたち》。

それが生《う》まれつき備《そな》わっている、生《う》まれながらのスイマーなんです。

脂肪《しぼう》をたくさんたくわえているのは、水中《すいちゅう》でも体温《たいおん》を保《たも》つため、エネルギーを失《うしな》わないため。

泳《およ》ぎの得意《とくい》なイルカやアザラシもぽっちゃり体型《たいけい》ですよね。

さあ、どうでしょう。

ペンギンがちょっと違《ちが》って見《み》えてきましたか？

ペンギンの羽《はね》は、水中《すいちゅう》ではばたいて勢《いきお》いをつけるだけでなく、飛行機《ひこうき》の翼《つばさ》と同《おな》じような役割《やくわり》を果《は》たしています。

簡単《かんたん》に言《い》うと、バランスをとって浮《う》きあがる機能《きのう》です。

また、大人《おとな》のペンギンはよく羽《は》づくろいをしますが、これにも深《ふか》い意味《いみ》があるのです。羽《はね》を整《ととの》えることは、水泳選手《すいえいせんしゅ》がスイムウェアのお手入《てい》れをするようなもの。防水性《ぼうすいせい》を発揮《はっき》するために、羽《はね》の乱《みだ》れをなくしているのです。

ペンギンの身体《からだ》の表面《ひょうめん》は、鳥《とり》だということを忘《わす》れてしまいそうなくらいつるりとして見《み》えます。

あれは、ふつうの鳥《とり》にくらべて、羽《はね》がびっしりと密集《みっしゅう》して生《は》えているからです。ぬれると羽《はね》のすきまがさらになくなって、ピンと張《は》ったじょうぶな布《ぬの》のような質感《しっかん》になります。

尾《お》のつけ根《ね》から出《で》る分泌物《ぶんぴつぶつ》をくちばしにつけて身体中《からだじゅう》にぬると、さらによく水《みず》をはじくようになるのです。

ペンギンは速《はや》く泳《およ》ぐために、日《ひ》ごろから自分《じぶん》でこんなケアをしているんです。

もちろん、ペンギンをどう見《み》るかは人《ひと》それぞれなので、押《お》しつける気持《きも》ちはありませんが、ぼくは、あえてこう言《い》いたいんです。

「ペンギンって、かっこいい！」

人気《にんき》のある動物《どうぶつ》だからこそ、ペンギンのいろんな側面《そくめん》を見《み》て、知《し》ってほしいと思《おも》うのです。


動物園《どうぶつえん》に来《き》たときは、ぜひ泳《およ》ぐ姿《すがた》に注目《ちゅうもく》してください！


日々《ひび》、動物《どうぶつ》の姿《すがた》から学《まな》ぶことは本当《ほんとう》にたくさんあります。

動物《どうぶつ》だって、歩《ある》くこと、泳《およ》ぐことをひとつひとつ覚《おぼ》えていきます。

動物《どうぶつ》だって、

『こんなことやりたくないよ』

と思《おも》うこともあるかもしれません。

でも、生《い》きていくために一生懸命《いっしょうけんめい》なんですよね。

最初《さいしょ》は仲間《なかま》につつかれていたミュウも、いつのまにかかっこよく泳《およ》げるようになって。

仲間《なかま》とコミュニケーションがとれなかったミュウが、長《なが》い時間《じかん》をかけてすてきなパートナーを見《み》つけました。

シンプルに、がんばる姿《すがた》に心打《こころう》たれたり、共感《きょうかん》したりする毎日《まいにち》です。

ミュウたちの世界《せかい》は、知《し》れば知《し》るほど奥深《おくぶか》くておもしろい！

動物《どうぶつ》それぞれの驚《おどろ》くべき能力《のうりょく》、あまり知《し》られていない魅力《みりょく》を伝《つた》えていくことも、ぼくたち飼育員《しいくいん》の大《おお》きな役割《やくわり》だと思《おも》っています。

赤《あか》ちゃん写《しゃ》真《しん》館《かん》

②

お母《かあ》さんにくらべるととても
小《ちい》さいカバの赤《あか》ちゃん

シマウマの親子《おやこ》は
運動場《うんどうじょう》でいつでも
いっしょ

ワオキツネザルは
親子《おやこ》でとってもユ
ニーク！

集英社みらい文庫

動物園《どうぶつえん》♥
赤《あか》ちゃん誕生物語《たんじょうものがたり》

東武動物公園《とうぶどうぶつこうえん》 監修
粟生《あおう》こずえ 著

ファンレターのあて先
〒101-8050 東京都千代田区一ツ橋2-5-10 集英社みらい文庫編集部
いただいたお便りは編集部から先生におわたしいたします。

2016年12月27日 第1刷発行

発行者 北畠輝幸
発行所 株式会社 集英社
〒101-8050 東京都千代田区一ツ橋2-5-10
電話 編集部 03-3230-6246
読者係 03-3230-6080
販売部 03-3230-6393（書店専用）
http://miraibunko.jp
装丁 SPAIS（山口真里・熊谷昭典） 中島由佳理
印刷 図書印刷株式会社 凸版印刷株式会社
製本 図書印刷株式会社

★この作品は2016年6月の取材をもとに構成しました。
ISBN978-4-08-321352-6 C8295 N.D.C.913 190P 18cm

「みらい文庫《ぶんこ》」読者《どくしゃ》のみなさんへ

言葉《ことば》を学《まな》ぶ、感性《かんせい》を磨《みが》く、創造力《そうぞうりょく》を育《はぐく》む……、読書《どくしょ》は「人間力《にんげんりょく》」を高《たか》めるために欠《か》かせません。

たった一枚《いちまい》のページをめくる向《む》こう側《がわ》に、未知《みち》の世界《せかい》、ドキドキのみらいが無限《むげん》に広《ひろ》がっている。

これこそが「本《ほん》」だけが持《も》っているパワーです。

学校《がっこう》の朝《あさ》の読書《どくしょ》に、休《やす》み時間《じかん》に、放課後《ほうかご》に……。いつでも、どこでも、すぐに続《つづ》きを読《よ》みたくなるような、魅力《みりょく》に溢《あふ》れる本《ほん》をたくさん揃《そろ》えていきたい。読書《どくしょ》がくれる、心《こころ》がきらきらしたり胸《むね》がきゅんとする瞬間《しゅんかん》を体験《たいけん》してほしい、楽《たの》しんでほしい。みらいの日本《にほん》、そして世界《せかい》を担《にな》うみなさんが、やがて大人《おとな》になった時《とき》、「読書《どくしょ》の魅力《みりょく》を初《はじ》めて知《し》った本《ほん》」「自分《じぶん》のおこづかいで初《はじ》めて買《か》った一冊《いっさつ》」と思《おも》い出《だ》してくれるような作品《さくひん》を一所懸命《いっしょけんめい》、大切《たいせつ》に創《つく》っていきたい。

そんないっぱいの想《おも》いを込《こ》めながら、作家《さっか》の先生方《せんせいがた》と一緒《いっしょ》に、私《わたし》たちは素敵《すてき》な本作《ほんづく》りを続《つづ》けていきます。「みらい文庫《ぶんこ》」は、無限《むげん》の宇宙《うちゅう》に浮《う》かぶ星《ほし》のように、夢《ゆめ》をたたえ輝《かがや》きながら、次々《つぎつぎ》と新《あたら》しく生《う》まれ続《つづ》けます。

本《ほん》を持《も》つ、その手《て》の中《なか》に、ドキドキするみらい――。

本《ほん》の宇宙《うちゅう》から、自分《じぶん》だけの健《すこ》やかな空想力《くうそうりょく》を育《そだ》て、〝みらいの星《ほし》〟をたくさん見《み》つけてください。

そして、大切《たいせつ》なこと、大切《たいせつ》な人《ひと》をきちんと守《まも》る、強《つよ》くて、やさしい大人《おとな》になってくれることを心《こころ》から願《ねが》っています。

2011年《ねん》　春《はる》

集英社《しゅうえいしゃ》みらい文庫編集部《ぶんこへんしゅうぶ》